Neue

Kleine Bibliothek 91

Andreas Wehr

Europa ohne Demokratie?

Die europäische Verfassungsdebatte – Bilanz, Kritik und Alternativen

PapyRossa Verlag

Luxemburger Str. 202, D-50937 Köln
Tel.: ++49 (0) 221 - 44 85 45
Fax: ++49 (0) 221 - 44 43 05
E-Mail: mail@papyrossa.de
Internet: www.papyrossa.de

Umschlag & Satz: Alex Feuerherdt
Druck: Interpress

Die Deutsche Bibliothek – CIP-Einheitsaufnahme

Die Deutsche Bibliothek verzeichnet diese Publikation in der Deutschen Nationalbibliografie; detaillierte bibliografische Daten sind im Internet über http://dnb.ddb.de abrufbar

ISBN 3-89438-272-4

Inhalt

Vorwort

Verfassungen entstehen in der Regel nach Kriegen oder Revolutionen, sie markieren gesellschaftliche Umbruchsituationen. So war es mit der französischen wie mit der amerikanischen, und mit dem Grundgesetz der BRD und der Verfassung der DDR von 1949 verhielt es sich nicht anders.

Es mag auf den ersten Blick befremdlich erscheinen, doch liegt dem Streben nach einer Europäischen Verfassung der gleiche Grundsatz zugrunde. Zwar hat Europa keinen heißen Krieg erlebt, im Gegenteil, es macht die längste Friedensperiode seit über einem Jahrhundert durch, und wir wurden auch nicht Zeuge von Revolutionen, die diesen Namen verdienen, und doch ging ein jahrzehntelanger Kalter Krieg zu Ende, in dem ein Gesellschaftssystem über das andere obsiegte. In Gestalt der Erweiterung nach Osten erntet die Europäische Union die Früchte dieses Sieges, indem sie ehemals realsozialistische Staaten beziehungsweise einstige Sowjetrepubliken in einen gemeinsamen Markt integriert, der den Gesetzen des Profits und der Logik des Kapitals unterworfen ist. Die Verfassung soll dazu dienen, das Funktionieren einer auf 25 und mehr Staaten anwachsenden EU zu gewährleisten, doch im Wesen geht es darum, den abgelaufenen historischen Wandel manifest und unumkehrbar zu machen, im wahrsten Sinne des Wortes festzuschreiben.

Die Geburt einer Verfassung ist immer ein quälender und zuweilen auch langwieriger Prozess. Das gilt um so mehr dann, wenn wie im Falle der EU-Verfassung die Interessen von 25 Staaten und die Kompetenzen der supranationalen Institutionen unter einen Hut gebracht werden müssen. Insofern war es fast ein Wunder zu nennen, dass sich der Konvent für die Zukunft Europas in anderthalbjähriger Arbeit auf einen Entwurf einigen konnte, der die Arbeitsgrundlage für den von der Regierungskonferenz endgültig zu verabschiedenden Text bilden sollte.

Generell lässt sich sagen, dass sowohl in der Arbeit des Konvents als auch in der folgenden Regierungskonferenz die Tiefe der Gegensätze dieses Prozesses unterschätzt und auf die historischen Herausforderungen keine oder falsche Antworten gegeben wurden.

Der Autor des Buches hat die Beratungen des Verfassungskonvents als wissenschaftlicher Mitarbeiter der Fraktion GUE/ NGL des Europäischen Parlaments von Anfang an begleitet; er setzt sich mit dem Entwurf für eine Europäische Verfassung sachkundig und kritisch auf Grundlage einer von der Mehrheit der Fraktion getragenen Sicht auseinander, was angesichts der Komplexität der Probleme kein leichtes, aber ein um so verdienstvolleres Unterfangen ist. Den politisch Interessierten wird es nicht entgangen sein, dass es die PDS, und hier namentlich ihre Führung, im Unterschied zu fast allen anderen linken Parteien in Europa an einer grundlegend kritischen Distanz zum Entwurf fehlen ließ. Zwar wurden daran Defizite und Ungereimtheiten angemahnt, doch insgesamt sah man den Entwurf als einen verteidigungswerten Fortschritt an. Diese Haltung hatte in großen Teilen der PDS-Wählerschaft für beträchtliche Irritationen gesorgt. Dass die PDS-Führung inzwischen ihre Position korrigiert hat, macht den angerichteten Schaden nicht ungeschehen.

Zweifelsohne weist der Entwurf gewisse Verbesserungen auf, was die Abgrenzung der Kompetenzen, die Straffung und Übersichtlichkeit der Gesetzgebungsverfahren und die Mitspracherechte des Europaparlaments angeht, doch ungleich schwerer wiegen die gravierenden Mängel, die aus linker Sicht nur ein klares Nein erzwingen. Erstens verheißt der Entwurf trotz partieller Fortschritte, wie etwa die Möglichkeit eines Bürgerbegehrens, keinen Durchbruch zu einer dringend notwendigen Demokratisierung der Union. Zweitens wird in dem Entwurf der Kurs auf die Militarisierung der Union forciert, die weitere militärische Aufrüstung wird den Staaten quasi als Pflicht auferlegt. Drittens folgt der Entwurf der Philosophie des Neoliberalismus und erklärt die Marktwirtschaft des freien Wettbewerbs zur alternativlosen Wirtschaftsweise. Welche Debatten und Bemühungen es auch von linker Seite gegeben haben mag: Festgeschrieben wurde, was bereits im Vertrag von Maastricht als Wesen der EU vorgegeben war. Insofern stehen die Ablehnung des Maastrichter Vertrages durch die PDS-Gruppe im Deutschen Bundestag 1992 und die mehrheitliche Ablehnung des Verfassungsentwurfes durch die Linksfraktion miteinander in Einklang.

Es verschafft den Gegnern des Entwurfes keine Befriedigung, dass sich die Regierungskonferenz nicht auf einen endgültigen Text einigen konnte. Der Gipfel in Brüssel scheiterte nicht an den erwähnten Defiziten, im Gegenteil, hinsichtlich der weiteren und verstärkten militärischen Ausrichtung der Union bestand Einvernehmen. Die Kontroverse entzündete sich einmal mehr an der Machtverteilung in der vergrößerten Union, am strittigen Abstimmungsverfahren im Ministerrat, an der Besetzung der Kommission und anderen Fragen.

Gemessen am Gesamtpaket, das zur Verhandlung steht, scheinen das diffizile, aber lösbare Fragen zu sein, so dass das Projekt keineswegs vom Tisch ist. Speziell Deutschland und Frankreich machen Druck auf die widerspenstigen Staaten wie Spanien und Polen, wobei sie die Finanzkeule schwingen und mit einem Europa der zwei Geschwindigkeiten drohen. Man kann davon ausgehen, dass es unter der irischen Präsidentschaft neue Anläufe geben wird, um Kompromissformeln hinsichtlich der institutionellen Architektur der erweiterten EU auszuhandeln. Dass das Ergebnis besser sein wird als der vorliegende Entwurf, darf ernsthaft bezweifelt werden.

Um so stärker ist die europäische Linke in der erweiterten EU herausgefordert, sich dieser Entwicklung kritisch-konstruktiv entgegenzustellen. Das Ergebnis der Wahl zum neuen Europäischen Parlament im Juni dieses Jahres wird dabei von besonderer Bedeutung sein.

Hans Modrow, Mitglied des Europäischen Parlaments, Konföderale Fraktion der Vereinten Europäischen Linken / Nordische Grüne Linke (GUE/NGL)

Vorbemerkung

Am 12./13. Dezember 2003 scheiterte auf dem Treffen des Europäischen Rats in Brüssel die Annahme des »Vertrags über eine Verfassung für Europa«. Der Grund waren unüberbrückbare Differenzen in der Haltung zum vorgesehenen Abstimmungsverfahren im Ministerrat. Inzwischen haben Regierungschefs verschiedener Länder deutlich gemacht, dass so schnell wie möglich ein neuer Versuch unternommen werden soll, den Verfassungsvertrag doch noch durchzusetzen. Die Auseinandersetzung mit dem Vertragsentwurf bleibt daher aktuell.

Mit der vorliegenden kritischen Analyse des europäischen Verfassungsprozesses sollen nicht nur Hintergrundinformationen, sondern auch Argumente geliefert werden, die eine Auseinandersetzung mit dem vorgelegten Vertragsentwurf ermöglichen. Zugleich soll ein Beitrag dazu geleistet werden, die mit dem Scheitern des Gipfels eingetretene Zeitverzögerung als Chance zur Entwicklung von Alternativen für eine Europäische Verfassung zu nutzen.

Erstmals in der Geschichte der Europäischen Union wurde eine Vertragsänderung durch einen Konvent, zusammengesetzt aus Mitgliedern nationaler Parlamente, Europaabgeordneten und Regierungsvertretern, vorbereitet. Hier soll untersucht werden, ob damit tatsächlich die oft behauptete neue Transparenz bei der Ausarbeitung eines europäischen Vertrags erreicht wurde. Im Mittelpunkt der Arbeit aber steht das Interesse an der Frage, ob das allgemein beklagte Demokratiedefizit der Europäischen Union mit der Annahme des Verfassungsentwurfs tatsächlich vermindert oder gar beseitigt würde.

Aufgrund des beschränkten Platzes und der Absicht, auf die vom Autor als wesentlich erachteten Aspekte zu fokussieren, wurden einige im Konvent behandelte Fragen hier nicht oder nur am Rande erwähnt. Dies gilt etwa für die Rechtspersönlichkeit der Europäischen Union und für die mit der Integration der Grundrechtecharta in den Vertrag zusammenhängenden Probleme wie auch für die Befassung mit dem EURATOM-Vertrag. Auch wird nicht weiter auf die größtenteils scholastisch geführte Auseinandersetzung über die Aufnahme eines religiösen Bezugs in die Präambel des Vertrages eingegangen.

Der Autor hat als wissenschaftlicher Mitarbeiter der Konföderalen Fraktion der Vereinten Europäischen Linken/Nordische Grüne Linke (GUE/NGL) im Europäischen Parlament an den Sitzungen des Konvents teilgenommen. Neben den dort gesammelten persönlichen Eindrücken hat er für die vorliegende Arbeit vor allem auf die Berichterstattung über die Konventsarbeit in der Tagespresse und auf Kommentierungen in Fachzeitschriften zurückgegriffen. Ziel war es dabei nicht, eine dogmatische rechtliche Analyse des Vertragswerks zu geben, sondern vielmehr die Debatten und Ergebnisse des Konvents in den politischen und sozialen Kontext der Diskussionen über die europäische Integration zu stellen. Juristische Erörterungen finden sich nur dort, wo sie für das Gesamtverständnis unverzichtbar sind.

Die im Text verwendeten Abkürzungen beziehen sich auf den »Vertrag über die Europäische Union (EUV)« und auf den »Vertrag zur Gründung der Europäischen Gemeinschaften (EGV)«, beide in der Fassung vom 26. Februar 2001. Der vom Konvent am 18. Juli 2003 vorgelegte »Entwurf eines Vertrages über eine Verfassung für Europa» wird entsprechend seinen Teilen mit römischen Ziffern wiedergegeben.

An möglichst vielen Textstellen wurde, durch die Abkürzung CONV kenntlich gemacht, auf die Dokumente des Konvents verwiesen. Damit soll dem Leser die Möglichkeit gegeben werden, die Ausführungen an Hand der offiziellen Texte zu überprüfen. Zugleich soll der Zugang zur intensiveren Beschäftigung mit Fragen der europäischen Integration erleichtert werden. Auch nach Abschluss der Arbeit des Konvents werden der vollständige Vertragstext und die rund 850 offiziellen Dokumente in allen elf Amtsprachen mindestens bis 2008 auf der Webseite des Europäischen Konvents zugänglich sein (http://european-convention.eu.int). Dort können auch die zu den Artikelentwürfen eingereichten Änderungsanträge und die Einzelbeiträge der Konventsmitglieder, im vorliegenden Text gekennzeichnet als CONTRIB, eingesehen werden, allerdings nur in den Sprachen, in denen sie vorgelegt wurden. In gedruckter Fassung kann der Vertragsentwurf beim Bundesanzeiger Verlag (Amsterdamer Straße 192, 50735 Köln) bezogen werden.

Andreas Wehr

Teil I
Zur Entstehung des Verfassungsvertrages

1. Warum eine Europäische Verfassung?

Eine Antwort auf die Frage, weshalb und warum gerade jetzt die Europäische Union eine Verfassung braucht, ist gar nicht so einfach. In ihrer bald fünfzigjährigen Geschichte ist man schließlich auch ohne eine solche Urkunde ausgekommen. Auch gibt es die Ansicht, dass die EU eine solche Verfassung längst besitze, und zwar schon von ihrer Gründung an.[1] Zu denken geben muss vor allem aber, dass erst vor gut zehn Jahren mit dem Vertrag von Maastricht die Europäische Union gegründet wurde. Und ganz ähnlich wie in der gegenwärtigen Verfassungsdiskussion wurde schon damals von einer epochalen Wende im Integrationsprozess gesprochen. Im Artikel 1 des Vertrages über die Europäische Union von 1992 heißt es: »Dieser Vertrag stellt eine neue Stufe bei der Verwirklichung einer immer engeren Union der Völker dar, in der die Entscheidungen möglichst offen und möglichst bürgernah getroffen werden.«

Es ist demnach zu fragen, was sich in den vergangenen zehn Jahren so dramatisch verändert hat, dass man nun von einem »Nachdenken über die Finalität des europäischen Einigungsprozesses«[2] meint sprechen zu müssen? Zwar gab es in der Vergangenheit immer mal wieder einzelne Initiativen und Vorstöße zur Formulierung einer europäischen Verfassung und wurden mehr oder weniger detaillierte Entwürfe vorgelegt. Erinnert sei nur an den Spinelli-Vorschlag von 1984 und an den Hermann-Entwurf von 1994, beide erarbeitet im Europäischen Parlament.[3] In Deutschland wurden in den neunziger Jahren aus verschiedenen politischen Richtungen Entwürfe für eine verfassungsmäßige Neuordnung vorgelegt.[4] Doch erst als der deutsche Außenminister Fischer bei der Vorstellung der Schwerpunkte der deutschen Ratspräsidentschaft vor dem Europäischen Parlament im Januar 1999 davon sprach, dass eine europäische Verfassung »Klarheit und Orientierung« schaffen und damit »neue Impulse für die politische Integration«[5] bringen solle, verdichtete sich die Diskussion über die Reform der EU auf eben jenen Begriff der Verfassung.

Damit war gleichsam der Startschuss für eine Welle von Grundsatzreden unterschiedlichster Politiker gegeben. Sie alle fühlten sich aufgerufen, Modelle und Leitbilder für eine engere europäische Integration zu entwerfen. Vorschläge unterbreiteten Jacques Chirac in seiner Rede vor dem Deutschen Bundestag, Lionel Jospin, Tony Blair, der Finne Paavo Lipponen, der belgische Premier Guy Verhofstadt, die französischen Politiker Alain Juppé, Jacques Toubon, Hubert Védrine und Pierre Chevènement. Hinzu kamen der spanische Staatschef José Aznar, die schwedische Außenministerin Anna Lindh, EU-Kommissionspräsident Romano Prodi und Bundespräsident Rau, der Italiener Carlo Ciampi, Jacques Delors und viele andere mehr. Selbst deutsche Ministerpräsidenten, wie Siegmar Gabriel, Edmund Stoiber, Wolfgang Clement und Kurt Biedenkopf nahmen das Wort.[6]

Im Blick auf die in diesen Reden vorgestellten Entwürfe, Modelle und Leitbilder eines zukünftigen Europas konnte der Eindruck entstehen, der Ausgang einer solchen Verfassungsdebatte sei weithin offen und bürge in sich die verschiedensten Alternativen. Johannes Rau sprach etwa von der Aufgabe, »europäische Macht zu begründen, wie nationale Verfassungen die staatliche Macht begründen«.[7] Joseph Fischer beschwor in seiner von Europaenthusiasten überschwänglich als Entwurf einer neuen Architektur des Kontinents gefeierten Rede an der Berliner Humboldt-Universität den »Übergang vom Staatenbund der Union hin zur vollen Parlamentarisierung in einer Europäischen Föderation (...) mit einem europäischen Parlament und einer ebensolchen Regierung, die tatsächlich die gesetzgeberische und exekutive Gewalt innerhalb der Föderation ausüben.«[8] In der Diskussion über die Zukunft Europas schien plötzlich alles möglich geworden zu sein.

Die Anfänge der Verfassungsdiskussion

In Deutschland, dem Land von dem die Verfassungsdebatte ihren Ausgang nahm[9], hatte 1995 eine Kommission unter der Leitung von

Werner Weidenfeld einen Bericht vorgelegt, der sich mit der Reform des Vertrags von Maastricht beschäftigte.[10] In den Schlussfolgerungen hieß es: »Kurze Zeit nach dem Inkrafttreten des Maastrichter Vertrages ist jedoch bereits die Notwendigkeit weiterer Reformen deutlich geworden: zum einen, weil der Vertrag über die Europäische Union den Reformbedarf nur teilweise eingelöst hat und zum anderen, weil die zurückliegenden Europadiskussionen gezeigt haben, dass der Vertrag wichtiger Korrekturen und Klarstellungen bedarf.«[11] Und als Vorgehensweise wurde empfohlen: »Für die kommenden Reformen gilt es, auch aus den prozeduralen Fehlern der Maastricht-Runde zu lernen. Die nächsten Schritte müssen durch eine intensive öffentliche Diskussion bereits im Vorfeld der Regierungskonferenz, durch die Einbeziehung der nationalen Parlamente und des Europäischen Parlaments sowie der Länder und Regionen breit abgesichert werden.«[12] Diese »breite Absicherung« sollte dann später durch die Anwendung der Konventsmethode gewährleistet werden.

Die Kommission plädierte für eine klare Abgrenzung der Kompetenzen zwischen Brüssel und den Nationalstaaten, für mehr Transparenz bei den Entscheidungsprozessen der Union und für eine Stärkung des Subsidiaritätsprinzips. In inhaltlichen Fragen sah sie weiteren Kooperationsbedarf nur in den Bereichen Außen-, Sicherheits- und Innenpolitik: »Im Bereich der inneren und der äußeren Sicherheit sowie bei der gemeinsamen Außenpolitik der Union ist eine Stärkung der Handlungsfähigkeit erforderlich.«[13] Auch der 2002 eingesetzte Verfassungskonvent hatte sich zum Ziel gesetzt, die Union lediglich in den Fragen der Innen- und Außenpolitik weiterzuentwickeln.

Vergleicht man daher die Schlussfolgerungen der »Strukturkommission: Europa 96« mit den im Juli 2003 vorgelegten Vorschlägen des Konventsentwurfs, so wird man sehr viele Übereinstimmungen finden. Vieles von dem, was heute mit dem großen Wort einer »Neugründung Europas« bedacht wird, war bereits damals konzipiert.

Der Verfassungsprozess als Antwort auf den Legitimationsverlust der Europäischen Union

Die Ausgangslage am Beginn der Verfassungsdiskussion kann als eine defensive beschrieben werden. Nach der Verabschiedung des Vertrags von Maastricht hatte sich in der politischen Öffentlichkeit ein allgemeiner Vertrauensverlust gegenüber dem europäischen Einigungsprozess gezeigt. Es war offenkundig geworden, dass mehr Wettbewerb, Deregulierung und forcierte Privatisierungen bislang öffentlicher Dienstleistungen ohne jegliche sozialstaatliche Abfederung auf europäischer Ebene durchgesetzt werden sollten. Als Ausdruck dieser auch »Post-Maastricht-Krise«[14] genannten Stimmungslage gelten das dänische Nein vom Sommer 1992 zum Vertrag von Maastricht und das nur denkbar knappe Ja zu diesem Vertrag im französischen Referendum im Herbst des gleichen Jahres. Dazu gehören ebenso der negative Ausgang der Abstimmung in Norwegen über den Beitritt zur EU und das knappe Nein der Schweiz zum Anschluss an den Europäischen Wirtschaftsraum im Dezember 1992.

Mit der völlig überraschenden Ablehnung des Nizza-Vertrages durch die irische Bevölkerung 2001 und mit dem klaren Nein der Schweden zur Einführung des Euro im September 2003 scheint sich dieser Trend fortzusetzen. Daran ändern auch die Ergebnisse der Volksabstimmungen über den Beitritt der zehn neuen EU-Länder nichts. Bei früheren Referenden neuer Mitglieder hatten sich noch zwischen 65 und 77 Prozent der Wahlberechtigten beteiligt. Diesmal stimmten »in Osteuropa durchschnittlich knapp 80 Prozent der Wähler für den Anschluss. Doch trotz aller Propaganda blieb die Wahlbeteiligung unter 60 Prozent«.[15] In Ungarn waren es sogar nur 46 Prozent. In Erwartung sehr geringer Beteiligungen hatten Litauen und Lettland bereits vorher die Quote für die Gültigkeit der Abstimmung abgesenkt, in Lettland etwa auf 35 Prozent. In Polen und in der Slowakei hatten die Regierungen bereits vor den Abstimmungen angekündigt, dass das Parlament über den Beitritt entscheiden werde, sollte die Wahlbeteiligung unter 50 Prozent bleiben.

Die Geringschätzung von Volksabstimmungen ist aber keine Erfindung der neuen Mitgliedsländer. Als die Dänen den Maastricht-Vertrag ablehnten und die Iren den Vertrag von Nizza verwarfen, ließ man einfach noch einmal abstimmen. Bei Widerwilligkeit des Souveräns wird notfalls eben so lange abgestimmt, bis das Ergebnis passt. Die Unsicherheit über den Ausgang von Referenden ließ denn auch die meisten Regierungen der Mitgliedstaaten gegenüber den Forderungen nach Volksabstimmungen über eine europäische Verfassung frühzeitig auf Abstand gehen.[16] Es zeigt sich: Die schwindende Akzeptanz in der Bevölkerung gegenüber der Union ist zu einem ernsthaften Hindernis für die weitere europäische Integration geworden.

Auch die geringe Beteiligung an den Wahlen zum Europäischen Parlament im Juni 1999 war Ausdruck dieser Abwendung von Europa, Ergebnis von offensichtlichem Desinteresse und verbreiteter Resignation. In fast allen Mitgliedstaaten ging die Beteiligung zurück, in manchen fiel sie gar dramatisch. Sie verringerte sich in Finnland von 60 auf 30, in Österreich von 68 auf 49, in Deutschland von 60 auf 45 und in Großbritannien von 36 auf 24 Prozent.[17] Damit lag Großbritannien bei der Wahlbeteiligung am Ende der Statistik. Der Präsident des Europaparlaments, Pat Cox, will sogar herausgefunden haben, dass sich »in Großbritannien mehr Menschen an den Big-Brother-Abstimmungen beteiligt haben als an der Europawahl«.[18] In anderen Ländern blieb die Beteiligung auf einem schon zuvor erreichten niedrigen Niveau: In den Niederlanden bei 30, in Schweden bei 38 und in Portugal bei 40 Prozent. Nur in Irland und Spanien beteiligten sich 1999 mehr Bürgerinnen und Bürger als fünf Jahre zuvor. Insgesamt ging die Wahlbeteiligung von 57 Prozent im Jahr 1994 auf 49 Prozent zurück. Bei den ersten Direktwahlen zum Europäischen Parlament 1979 hatte sie noch bei 63 Prozent gelegen.[19]

Nicht wenige der verbliebenen Wähler gaben ihre Stimmen europakritischen Parteien. In Großbritannien errangen die jede weitere Integration strikt ablehnenden Konservativen eine deutliche Mehrheit über die erst zwei Jahre zuvor bei Unterhauswahlen erfolgreiche Labour Party. Selbst die offen europafeindliche UK Independence Party brachte drei Kandidaten durch. In Frankreich spaltete sich die Rechte über die Haltung zu Europa. Das gegen eine weitere Integration eingestellte Parteienbündnis trug dabei den Sieg davon. Und die extreme französische Rechte unter Le Pen war vor allem dort erfolgreich, wo sich beim Referendum 1992 die Mehrheit gegen Maastricht ausgesprochen hatte.[20] In Dänemark profitierten die Euroskeptiker der »Junibewegung« von der europakritischen Grundströmung. In vielen Ländern waren populistische Politiker erfolgreich. In Frankreich trat unter dem Namen »Jagd, Fischen, Natur, Tradition« eine Liste an, deren einziges Thema der Kampf gegen europäische Regelungen in den Bereichen der Jagd und des Fischens war. Dies allein reichte, um nicht weniger als sechs Abgeordnete nach Straßburg schicken zu können.

Mit der Ausarbeitung einer Verfassung sollte auch eine Antwort auf die wachsende unbestimmte Kritik an »zuviel Bürokratie« und an der »Lebensferne Europas« gegeben werden. In der Erklärung des Europäischen Rates von Laeken vom Dezember 2001, mit der die Grundlage für die Arbeit des Europäischen Konvents gelegt wurde, hieß es selbstkritisch: »In der Union müssen die europäischen Organe dem Bürger näher gebracht werden. Die Bürger stehen zweifellos hinter den großen Zielen der Union, sie sehen jedoch nicht immer einen Zusammenhang zwischen diesen Zielen und dem täglichen Erscheinungsbild der Union.« Diese Interessen der Bürger wurden anschließend wie folgt interpretiert: »Kurz, der Bürger verlangt ein klares, transparentes, wirksames, demokratisch bestimmtes gemeinschaftliches Konzept – ein Konzept, das Europa zu einem Leuchtfeuer werden lässt, das für die Zukunft der Welt richtungsweisend sein kann; ein Konzept, das konkrete Ergebnisse zeitigt, in Gestalt von mehr Arbeitsplätzen, mehr Lebensqualität, weniger Kriminalität, eines leistungsfähigen Bildungssystems und einer besseren Gesundheitsfürsorge. Es steht außer Frage, dass Europa sich dazu regenerieren und reformieren muss.(...) Als erstes stellt sich die Frage, wie wir die demokratische Legitimierung und die Transparenz der jetzigen Organe erhöhen können?«[21]

Die Verfassungsdiskussion war daher auch ein Projekt in der ideologischen Auseinandersetzung zur Festigung bzw. Wiederherstellung des erschütterten Vertrauens in die europäische Integration. Jürgen Habermas hatte diese Funktion wie folgt beschrieben: »Andererseits sollten wir das symbolische Gewicht des Umstandes, dass inzwischen eine Verfassungsdebatte überhaupt in Gang gekommen ist, nicht unterschätzen. Als politisches Gemeinwesen kann sich Europa im Bewusstsein seiner Bürger nicht allein in Gestalt des Euro festsetzen. Der intergouvernementalen Vereinbarung von Maastricht fehlt jene Kraft zur symbolischen Verdichtung, die nur ein politischer Gründungsakt haben kann.«[22]

Die Erweiterung als Herausforderung an die institutionelle Ordnung der EU

Doch die Absicht, auf wachsende Legitimationsprobleme der Union zu reagieren, war nur der eine – mehr nach außen gerichtete – Begründungsstrang für die Verfassungsdiskussion. Ein zweiter ergab sich aus der Notwendigkeit einer Anpassung der Institutionen der EU an die Bedingungen einer um nicht weniger als zehn Staaten vergrößerten Union: »Mit Blick auf die bevorstehende Erweiterung der EU von 15 auf 25 und mehr Staaten war in den neunziger Jahren klar geworden, dass die große gesamteuropäische Union des 21. Jahrhunderts einer neuen verfassungsmäßigen Ordnung bedürfe, um handlungsfähig zu bleiben.«[23] Hinter dieser immer wieder beschworenen Warnung vor einer drohenden Handlungsunfähigkeit der erweiterten EU steht aber auch die Befürchtung der großen Staaten, dass sich durch ein Anwachsen allein der Zahl der kleinen und mittleren Mitgliedstaaten aufgrund der Erweiterung ihr relatives Gewicht in der Union verringern könnte.

Und die Zeit zur Anpassung drängte. Bereits 1998 waren Beitrittsverhandlungen mit einer ersten Gruppe von sechs Ländern aufgenommen worden, im Februar 2000 kamen weitere sechs hinzu. Um die Institutionen der Union auf diese größte Erweiterung in ihrer Geschichte vorzubereiten, begann im Februar 2000 eine Regierungskonferenz, die sich auf drei Ziele konzentrierte: die Festlegung der künftigen Größe der Europäischen Kommission, die Reform der Stimmenverteilung und die Ausweitung der Entscheidungen mit qualifizierten Mehrheiten im Ministerrat. Es handelte sich dabei um die sogenannten »Left-overs«, jene mit dem Vertrag von Amsterdam 1997 nicht geregelten Fragen. Vergleicht man nun diese bereits damals ungelöst gebliebenen Fragen mit den Streitpunkten, die vom Europäischen Rat am 12. und 13. Dezember 2003 verhandelt wurden, so wird erkennbar, dass es fast sieben Jahre später immer noch um genau diese Fragen geht.

Auf der Tagung des Europäischen Rats im Dezember 2000 in Nizza war es nicht gelungen, für diese »Left-overs« zufriedenstellende Lösungen zu finden. Hinsichtlich der zukünftigen Größe der Kommission hatte man sich dort nur darauf verständigen können, eine neue Festlegung erst dann zu treffen, wenn die EU auf 27 Mitglieder anwächst, also erst nach einem Beitritt von Bulgarien und Rumänien. Zunächst sollen ab dem 1. Januar 2005 nur die größeren Mitgliedstaaten auf ihren zweiten Kommissar verzichten. Über die Stimmengewichtung im Ministerrat wurde erst nach einem erbitterten Streit zwischen Deutschland und Frankreich in letzter Minute ein Kompromiss erzielt. Er stellte die vier großen Mitgliedsländer mit jeweils 29 so genannten »gewichteten« Stimmen gleich und gab Spanien und Polen jeweils 27. Die Ausweitung der inhaltlichen Bereiche, in denen mit qualifizierten Mehrheiten abgestimmt wird, fiel enttäuschend aus, nur wenige kamen hinzu.

Unzufrieden mit den geringen Fortschritten war vor allem das Europäische Parlament. Nur widerwillig stimmte es dem Vertrag von Nizza überhaupt zu. Und es verband sein Votum mit der ausdrücklichen Forderung, dass »nach dem Muster des sogenannten Konvents zur Erarbeitung (...) der europäischen Charta der Grundrechte ein entsprechendes Gremium mit den Vorarbeiten betraut wird«.[24] Unzufrieden mit dem Ergebnis von Nizza waren auch die nationalen Parlamente der Mitgliedsländer, und in Deutschland vor allem die Bundesländer. Sie hatten sich von dem Gipfeltreffen eine klare Abgrenzung zwischen den Kompetenzen der EU und denen der Mitgliedstaaten erhofft.[25]

Um den verbreiteten Unmut über den Ausgang der Ratstagung von Nizza aufzufangen, wurde noch dort eine »Erklärung zur Zukunft der Union« beschlossen, nach der in einer »umfassenden Debatte über die Zukunft Europas« die Frage behandelt werden sollte, »wie eine genauere, dem Subsidiaritätsprinzip entsprechende Abgrenzung der Zuständigkeiten zwischen der Europäischen Union und den Mitgliedstaaten hergestellt und danach aufrechterhalten werden kann.« Auch »die Rolle der nationalen Parlamente in der Architektur Europas« sollte definitiv geklärt werden.[26] Entsprechende Fragestellungen wurden auch in die ein Jahr später angenommene Erklärung von Laeken zur »Zukunft der Europäischen Union«[27] aufgenommen. Noch vor der Erweiterung sollten die nationalen Parlamente und die Regionen Klarheit über ihre zukünftige Stellung im europäischen Integrationsprozess erhalten.

In verschiedenen Kapiteln des vorliegenden Buches werden die Konventsvorschläge für die zukünftige Rolle des Europäischen Parlaments als auch die für die Stellung der nationalen Parlamente und Regionen im europäischen Integrationsprozess analysiert und bewertet. Es soll eine Antwort darauf gegeben werden, ob der Konvent mit seinem Entwurf der in Laeken formulierten Forderung nach einer »demokratischen, transparenten und effizienten Union« am Ende gerecht geworden ist, oder ob Europa auch weiterhin »ohne Demokratie« ist.

Die Verfassungsdiskussion als inhaltliche Weiterentwicklung der europäischen Verträge

Vom Gipfel in Laeken war dem Konvent der Auftrag mit auf den Weg gegeben worden, die »bestehenden Verträge zu vereinfachen ohne inhaltliche Änderungen«[28] vorzunehmen. Diese Vereinfachung ist auch dringend notwendig. Der wichtigste europäische Vertrag, der »Vertrag zur Gründung der Europäischen Gemeinschaften«, beschlossen im Februar 1992 in Maastricht, baut noch auf dem früheren EWG-Vertrag von 1957 auf. Durch den Vertrag von Amsterdam vom Oktober 1997 und durch den von Nizza vom Februar 2001 wurde er in vielen Punkten geändert und ist dabei immer unübersichtlicher und verworrener geworden. Im Zuge der Vereinfachung sollte auch der ebenfalls in Maastricht beschlossene »Vertrag über die Europäische Union« in den neuen Verfassungsvertrag integriert werden. Er enthält die weitgehend zwischenstaatlich ausgestalteten Bestimmungen über die Gemeinsame Außen- und Sicherheitspolitik und über die polizeiliche und justizielle Zusammenarbeit in Strafsachen.

Hinsichtlich dieser Bereiche waren in der Erklärung von Laeken auch inhaltliche Änderungen gefordert worden. Dort heißt es: »Welche Änderungen müssen am Vertrag in den verschiedenen Politikbereichen vorgenommen werden? Wie lässt sich beispielsweise eine kohärentere gemeinsame Außenpolitik und Verteidigungspolitik entwickeln? (...) Wollen wir uns bei der polizeilichen und justiziellen Zusammenarbeit in Strafsachen einem stärker integrierten Konzept zuwenden? Wie kann die Koordinierung der Wirtschaftspolitiken verstärkt werden? Sollen wir die Zusammenarbeit in den Bereichen soziale Integration, Umwelt, Gesundheit, Lebensmittelsicherheit verstärken?«[29] Damit waren inhaltliche Änderungen an den bestehenden Verträgen ausdrücklich zulässig, wenn nicht gar gefordert. Diese Aussagen standen daher in einem klaren Widerspruch zu dem gleichzeitig abgegebenen Postulat, die Vereinfachung »ohne inhaltliche Änderungen« vorzunehmen. So gab es während der gesamten Arbeit des Konvents verschiedene Sichtweisen darauf, was eigentlich seine Aufgabe sei, und nicht wenige bestritten sein Recht, überhaupt inhaltliche Korrekturen vornehmen zu dürfen.

Tatsächlich hat der Konvent in der Innen- und Rechtspolitik und vor allem in der Außen- und Verteidigungspolitik weitreichende Änderungen bestehender Artikel und zudem eine Reihe neuer Bestimmungen vorgeschlagen. Dazu waren zwei Arbeitsgruppen eingerichtet worden. Aufgrund einer Initiative aus der Mitte des Konvents heraus kam mit der »Arbeitsgruppe Soziales Europa« noch eine dritte hinzu. Wegen der Bedeutung dieser drei inhaltlichen Bereiche für den Verfassungsvertrag werden die Themen Außen- und Sicherheitspolitik, Innen- und Rechtspolitik sowie Soziales im vorliegenden Buch in separaten Kapiteln behandelt.

2. Zur Arbeit des Verfassungskonvents

Nach dem wenig erfolgreichen Gipfel von Nizza stand für viele fest: Die Methode der herkömmlichen Regierungskonferenz, mitsamt ihrem »Pferdehandel« in langen Nachtsitzungen, wo Ergebnisse oft nur aufgrund der Ermüdung der Teilnehmer zustande kommen, ist nicht länger geeignet, die große Reform der Union auf den Weg zu bringen. Die Europaparlamentarier konnten bei ihrer Forderung nach einem grundlegend anderen Verfahren bei der Überarbeitung der europäischen Verträge auf den erfolgreichen Grundrechtekonvent verweisen, der von Oktober 1999 bis November 2000 unter Leitung des früheren deutschen Bundespräsidenten Roman Herzog getagt hatte.[30] Sie erhofften sich davon auch eine größere Chance der Mitentscheidung. Bei den herkömmlichen Regierungskonferenzen waren jeweils nur immer zwei Beobachter des Parlaments zugelassen gewesen. In den Grundrechtekonvent hatten sie hingegen 16 Vertreter schicken können. Da aus den nationalen Parlamenten weitere 30 Vertreter teilnahmen, war dieser Konvent schon fast eine Zusammenkunft von Volksvertretern gewesen. Zudem war seine Arbeit allgemein als erfolgreich gewertet worden. Die von ihm ausgearbeitete Grundrechtecharta war anlässlich der Tagung des Europäischen Rates in Nizza unterzeichnet und »feierlich proklamiert« worden.[31]

Die Zusammensetzung des Verfassungskonvents

Da sich eine Reihe nationaler Parlamente gleichfalls für die Einsetzung eines Konvents zur Vorbereitung der großen Reform der EU aussprach, war es schon fast eine Selbstverständlichkeit, dass der Europäische Rat von Laeken sein Einverständnis dazu gab.[32] Bei der von ihm bestimmten Zusammensetzung orientierte er sich an dem Grundrechtekonvent. Die größte Gruppe sollten mit 30 Vertretern die nationalen Parlamente der EU-Staaten stellen, das Europaparlament war mit 16 Mitgliedern vorgesehen, und 15 Vertreter, demnach pro Land einen, sollten die Regierungen der EU-Länder entsenden. Hinzu kamen zwei Vertreter der Kommission und der Konventspräsident, sowie seine beiden Vizepräsidenten. Eingeladen wurden auch 26 Mitglieder der nationalen Parlamente der Beitrittsländer und 13 Vertreter der Staats- und Regierungschefs dieser Staaten.[33] Der Konvent setzte sich somit aus insgesamt 105 Vollmitgliedern zusammen, die jeweils einen Stellvertreter hatten. Zu Wort kommen konnten zudem 12 Beobachter, entsandt vom Wirtschafts- und Sozialausschuss, dem Ausschuss der Regionen und von den Europäischen Sozialpartnern, sowie der Europäische Bürgerbeauftragte.

Bis heute wurde kaum registriert, dass der Konvent eine Domäne der Männer war. Sie stellten 83% der Teilnehmer. Unter den zwölf stimmberechtigten Mitgliedern des Präsidiums befanden sich nur zwei Frauen. Nach dem Ausscheiden der Spanierin Ana Palacio im März 2003 blieb mit der Britin Gisela Stuart dort nur noch eine Frau übrig. Die Europäische Verfassung wurde somit fast unter Ausschluss der Frauen konzipiert. Als es am Ende der Arbeit um die Verankerung des Zieles der Gleichstellung der Geschlechter im Vertrag ging, machte sich diese geringe weibliche Präsenz ausgesprochen negativ bemerkbar. Nur mit großer Mühe und durch erheblichen Druck von außen war es schließlich überhaupt möglich, hier Verbesserungen zu erreichen.[34]

Ebenso unkommentiert blieb die Tatsache, dass sich der Konvent politisch sehr homogen und damit sehr einseitig zusammensetzte. Aufgrund des Auswahlverfahrens der Vertreter der Mitgliedstaaten – einer pro Regierung und zwei je nationalem Parlament – wurden fast nur Mitglieder aus den beiden großen politischen Lagern, den Konservativen und Sozialdemokraten, ausgewählt. Hinzu kamen einige Liberale. Andere große politische Gruppen, wie die Linke, die Grünen, die sogenannten Euroskeptiker oder auch rechte, nationalistische Gruppen, waren nur als Spurenelemente vertreten. So stellte die europäische Linke mit der deutschen PDS-Europaparlamentarierin Sylvia-Yvonne Kaufmann und der zypriotischen Kommunistin Eleni Mavrou nur zwei der 105 Konventsmitglieder, wobei letztere als Vertreterin eines Beitrittslandes nicht einmal stimmberechtigt war. Die Grünen waren durch den österreichischen Europaparlamentarier Johannes Voggenhuber und, ab November 2002, durch den deutschen Außenminister vertreten, wobei Fischer allerdings nicht daran dachte, im Konvent auch nur ansatzweise originäre grüne Positionen zu unterstützen. Ähnlich marginalisiert waren die Euroskeptiker und die Nationalisten. Dass all diese Gruppen überhaupt dabei waren, war nur der Delegation des Europäischen Parlaments geschuldet, die sich entsprechend dem Proporz der im Parlament vertretenen Parteienbündnisse zusammensetzte. Im Konvent waren also diejenigen, die den Weg der europäischen Integration seit Maastricht für alternativlos und daher auch nicht für revisionsbedürftig halten, also Konservative, Sozialdemokraten, Liberale und mittlerweile wohl auch die Grünen, so gut wie unter sich. Eine wirkungsvolle Opposition gegenüber diesem Kurs gab es daher im Konvent nicht. Seine Zusammensetzung stellte demnach eine groteske Verzerrung der politischen Realitäten in der Europäischen Union dar.

Die entscheidende Rolle des Präsidiums

Eine herausgehobene Rolle in der Konventsarbeit nahm das Präsidium ein. Es war sehr viel mehr als nur ein geschäftsführendes Gremium, wie es noch im Mandat von Laeken vorgesehen war.[35] Das Präsidium repräsentierte die einzelnen Komponenten des Konvents. Zwei Mitglieder vertraten die einzelstaatlichen Parlamente, zwei das Europäische Parlament und drei Vertreter die nationalen Regierungen. Dazu kamen der Slowene Aloyz Peterle mit einem »Gaststatus« als Repräsentant der Beitrittsländer und die beiden Kommissionsmitglieder. Der Konventsvorsitzende Valéry Giscard d'Estaing und seine beiden Stellvertreter, der frühere italienische Ministerpräsident Giuliano Amato und der ehemalige belgische Ministerpräsident Jean-Luc Dehaene, waren bereits vom Europäischen Rat in Laeken benannt worden. Im Konvent vertraten sie daher nur sich selbst.

Bei der Zusammensetzung des Präsidiums fällt auf, dass die im Konvent überhaupt nur mit zwei Mitgliedern vertretene Europäische Kommission zugleich auch zwei Mitglieder des Präsidiums stellte. Die Kommission erhielt dadurch einen entscheidenden Einfluss auf die Konventsarbeit. Bei der Repräsentation der nationalen Regierungen hatte man sich für die drei Länder entschieden, die zum Zeitpunkt der Entscheidung von Laeken die Ratspräsidentschaft inne hatten, diese vorher wahrgenommen hatten bzw. danach antreten würden. So erhielten eher zufällig Dänemark, Spanien und Griechenland die Möglichkeit, mit Regierungsvertretern im Präsidium präsent zu sein. Andere Länder, wie Schweden, Österreich, die Niederlande, Finnland und Luxemburg, hatten dieses Glück nicht. Im Vergleich zu einer normalen Regierungskonferenz war dies ein erheblicher Nachteil für sie. Wohl nicht ganz zufällig waren hingegen die fünf großen EU-Länder Frankreich, Deutschland, Großbritannien, Italien und Spanien im Präsidium vertreten. Nur am Rande sei erwähnt, dass natürlich kein einziger Kritiker des gegenwärtigen europäischen Integrationskurses dort zugelassen war.

Schon bei der Konstituierung des Konvents sollte sich zeigen, dass dieses Gremium unter Leitung von Valéry Giscard d'Estaing die Zügel fest in die Hand nahm und sie bis zum Schluss auch nicht mehr hergeben sollte. Das Präsidium war damit die eigentliche Entscheidungsstelle des Konvents. Hier wurden die Vertragstexte konzipiert, abgeändert und manches mal auch wieder verworfen. Die Mandate der Arbeitsgruppen wurden nur in diesem Gremium formuliert, dort wurde festgelegt, welches Präsidiumsmitglied welche Gruppe leiten sollte, und es wurde selbstherrlich über die Berücksichtigung von Änderungsanträgen entschieden.

Das Präsidiumsmitglied Gisela Stuart, die britische Labour-Abgeordnete, hat nach Abschluss der Konventsarbeit in einem Buch Einblick in die dort gepflegte Arbeitsweise gegeben: »Das Präsidium war das Gremium, das die Entwürfe machte, es entschied, welche Empfehlungen der Arbeitsgruppen so gut wie unverändert akzeptiert (etwa die der Gruppe Grundrechtecharta) und welche weitgehend ignoriert wurden (jene der Arbeitsgruppe Soziales Europa). Der Präsident beriet sich regelmäßig mit den Spitzen der Regierungen, um so die Übereinstimmung mit den Positionen der großen Mitgliedstaaten zu sichern, und Kommission und Europäisches Parlament arbeiteten eng zusammen, was einfach für sie war, da beide in Brüssel angesiedelt sind.«[36] Von ihr erfährt man auch, dass die Debatten dort, trotz der multinationalen Zusammensetzung des Gremiums, weitgehend ohne Übersetzung, nicht einmal in das Englische, nur auf Französisch geführt wurden.[37] Und natürlich fanden die Sitzungen unter Ausschluss der Öffentlichkeit statt. Neben den Präsidiumsmitgliedern selbst waren nur der Sekretär des Konvents und ein Pressesprecher zugelassen.

Streit gab es zu Beginn der Konventsarbeit über die Veröffentlichung von Inhaltsprotokollen der Präsidiumssitzungen. Eine ganze Reihe von Konventsmitgliedern verlangte, wenigstens auf diese Weise Einblick in die dort geführten Debatten zu bekommen. Doch bis zum Ende der Arbeit des Konvents hat es nie solche Protokolle gegeben. All dies steht in einem bezeichnenden Kontrast zu dem Bild, das der Konvent selbst so gerne von sich zeichnete: als einer Zusammenkunft, deren Beratungen Schritt für Schritt von der Öffentlichkeit beobachtet und nachvollzogen werden konnten. Gerade dies sollte ja einer der wesentlichen Vorteile der Konventsmethode gegenüber den Regierungskonferenzen sein, denen vorzuwerfen, sich hinter fest verschlossenen Türen zu verstecken, man nicht müde wurde.

Die Beteiligung der Zivilgesellschaft und der europäischen Jugend

Neben der versprochenen Transparenz der eigenen Arbeit sollte sich der Konvent vor allem durch die Einbeziehung der europäischen Öffentlichkeit auszeichnen. Dafür stand »ein besonderes Forum allen Organisationen offen, welche die Zivilgesellschaft repräsentieren«[38]. Es wurde eine Internetseite geschaltet, auf der die Bürgerinnen und Bürger ihre Vorschläge unterbreiten konnten, und es wurde ihnen Gelegenheit gegeben, mit einzelnen Konventsmitgliedern zu »chatten«. Begleitet wurde dies durch verschiedenste öffentliche Aktionen in den Mitgliedsländern. So wurden etwa in Deutschland Kinobesucher in Werbespots des Auswärtigen Amtes aufgefordert, sich mit eigenen Beiträgen an der Verfassungsdiskussion zu beteiligen. Höhepunkte der Bürgerbeteiligung waren die »Anhörung der Zivilgesellschaft« im Juni 2002 und der »Jugendkonvent« einen Monat später.

Die »Anhörung der Zivilgesellschaft« war aber vor allem eine

Anhörung von Verbänden und Lobbygruppen. Eine solche Veranstaltung hatte ohne Zweifel ihre eigene Berechtigung, verpackt als eine »Anhörung der Zivilgesellschaft« weckte sie hingegen die Hoffnung, dass hier Alltagsinteressen der Menschen zur Sprache kämen. In einem Kommentar über diese Veranstaltung hieß es treffend: »Mit dem Schüler in Kopenhagen, der Büroangestellten in Birmingham oder mit dem Rentner in der Provence, hatten die meisten der gut 50 geladenen Damen und Herren, die sich jeweils für ein paar Minuten äußern durften, freilich wenig gemein. Viele haben als Vertreter von Verbänden ihren Arbeitsplatz im unmittelbaren Dunstkreis der europäischen Institutionen oder gehen dort zumindest häufig ein und aus. Man kennt sich, man trifft sich – auch mal eben im Konvent.«[39]

Auch der »Konvent der Jugend Europas« vom 9. bis 12. Juli 2002 war fast ausschließlich eine Versammlung von Interessensvertretern. Die Entscheidung über die Auswahl der 210 Delegierten aus 28 Ländern hatte bei den einzelnen Konventsmitgliedern gelegen, und die benannten fast ausschließlich jugendliche Mitglieder ihrer eigenen Partei. So war der »Jugendkonvent« eine Versammlung vor allem von Funktionären der Jugendorganisationen der europäischen politischen Parteien von Konservativen, Sozialdemokraten, Liberalen und Grünen. Diese Jugendorganisationen sind weithin unbekannt und haben lediglich einige Bedeutung als Jobvermittlungsbörsen für lukrative Karrieren auf europäischer Ebene. So hatten es denn auch einige »Vertreter der Jugend Europas« gar nicht weit zum Schauplatz des Jugendkonvents. Als Mitarbeiter von Europaparlamentariern bzw. von Fraktionen der europäischen Parteien lagen ihre Arbeitsplätze ja im Gebäude des Europäischen Parlaments. Globalisierungskritiker, etwa von Attac, suchte man daher auch vergebens unter ihnen. Die Schlusserklärung des Jugendkonvents war dementsprechend unkritisch und über die Maßen euphorisch, was die Perspektiven der europäischen Einigung angeht.[40] So kann nur der folgenden Kritik beigepflichtet werden: »Die inhaltlichen Positionen des Jugendkonvents geben wohl doch keinen repräsentativen Querschnitt der allgemeinen europäischen Öffentlichkeit wider, denn sie blenden jegliche Europaskepsis aus und spiegeln in keiner Weise die verbreitete Reserviertheit oder Gleichgültigkeit von

Jugendlichen in den europäischen Mitgliedstaaten gegenüber integrationspolitischen Finalitätsvisionen wider.«[41]

Die Arbeitsweise des Konvents

Die »Anhörung der Zivilgesellschaft« und der »Konvent der Jugend Europas« waren Teil der von Giscard d'Estaing so genannten »Phase der Anhörung«, die aus einer umfassenden Erörterung aller großen Themen des Konvents bestand. Statement auf Statement, beschränkt auf jeweils drei Minuten, wurden von den 105 Mitgliedern oder von ihren Stellvertretern abgegeben, wobei fast immer vom Blatt abgelesen wurde. Und selten war das Bonmot von Karl Valentin so angebracht wie hier, dass »bereits alles gesagt sei, aber eben noch nicht von allen«. Die Sitzungen schleppten sich so mühsam voran, dass das Präsidium zur Belebung der Debatten die Möglichkeit der Intervention durch spontane Wortmeldungen einführte. Aber auch diese Möglichkeit wurde nur zu oft dazu genutzt, Teile von Reden, die man in den offiziellen drei Minuten nicht hatte unterbringen können, dann doch noch vorzulesen.[42] Am lebhaftesten waren die Debatten noch bei den außerordentlichen Sitzungen, da hier weniger Mitglieder anwesend waren, es mehr Redezeit gab und ausgearbeitete Texte kaum zur Verfügung standen.

Die ersten der insgesamt elf Arbeitsgruppen des Konvents wurden Anfang Juni 2002 eingerichtet. Die Beratung ihrer Ergebnisse war für den Herbst des Jahres vorgesehen. Erst danach sollte ein erster Gliederungsentwurf für die Verfassung vorgelegt werden. Angesichts dieser ausgesprochen großzügigen Zeitplanung kam daher im Sommer 2002 Unmut auf. Vor allem aus den Reihen der Europaabgeordneten wurden Forderungen nach einer baldigen Vorlage von ersten Textentwürfen laut. Doch stattdessen folgte im Herbst die »Phase des Prüfens«, in der die Ergebnisse der Arbeitsgruppen mit der gleichen Langatmigkeit wie bereits zuvor in der »Phase der Anhörung« durchgegangen wurden. Wieder kamen alle zu allen Themen zu Wort.

Erst am 28. Oktober 2002 wurde ein erster Vorentwurf für einen Verfassungsvertrag vorgelegt.[43] Damit wurde vom Präsidium bedeutungsvoll die »Phase der Studien« eingeleitet. Es handelte sich aber bei dem Papier nur um einen, wenige Seiten umfassenden dürren Gliederungsentwurf, dessen vorgeschlagene Artikel lediglich aus Überschriften bestanden. Darunter waren allerdings, zur Überraschung vieler, auch einige, die zuvor in den Aussprachen des Konvents niemand gefordert hatte, wie etwa ein »Kongress der Völker Europas«, zusammengesetzt aus Mitgliedern des Europäischen Parlaments und nationaler Parlamente, oder ein ständiger »Europäischer Vorsitz des Rates«. Der Entwurf wurde dementsprechend heftig kritisiert. Eine überarbeitete Fassung wurde aber merkwürdigerweise nie mehr vorgelegt.

Ein erster ausformulierter Textentwurf für zunächst 16 Artikel, die sich vor allem mit der institutionellen Architektur der Union befassten, wurde am 6. Februar 2003[44] veröffentlicht, inzwischen war fast ein Jahr nach Zusammentritt des Konvents vergangen. Damit begann nun endlich die sogenannte »Phase der Texte«. Es sollte sich am Ende der Konventsarbeit herausstellen, dass diese zeitliche Verzögerung nicht mehr aufzuholen war. In den jetzt noch verbliebenen knapp vier Monaten bis zur Abgabe des Entwurfs drängte sich dementsprechend die Arbeit. Es kamen Sondersitzungen des Konvents hinzu, und die Fristen für die Bearbeitung der vom Präsidium vorgelegten Texte wurden immer kürzer. In der Regel hatten die Konventsmitglieder nur zehn, gelegentlich sogar nur sieben Tage Zeit, die nicht selten ein Dutzend und mehr Artikel umfassenden Vorlagen zu prüfen und eigene Änderungsanträge dazu auszuarbeiten. Der allein 342 Artikel umfassende dritte Teil des Verfassungsvertrages mit den konkreten Politikinhalten konnte – bis auf die Teile zur Sicherheits- und Verteidigungspolitik sowie zur Innen- und Rechtspolitik – faktisch überhaupt nicht mehr beraten werden. Die Textentwürfe für diesen umfangreichen Teil wurden den Konventsmitgliedern erst am 27. Mai 2003 für die bereits wenige Tage später, am 30. und 31. Mai stattfindende Konventstagung vorgelegt.[45] Allein zu diesem Abschnitt wurden dann aber noch ca. 1.600 Änderungsanträge eingereicht. Der Konvent hatte bis zum Abschluss seiner Arbeiten am 10. Juli 2003 überhaupt nur noch zweimal Gelegenheit sich mit diesen Artikeln und den Änderungsanträgen dazu zu befassen. Die Beratung über diesen Teil geriet daher zu einer Farce.

Wie der Konvent zu einer vorbereitenden Regierungskonferenz wurde

Es ist viel darüber spekuliert worden, weshalb vom Präsidium eine solche Vorgehensweise gewählt wurde, bei der sich am Ende die Beratungszeit über die Textentwürfe auf wenige Sitzungen zusammendrängte. »Manche Beobachter sahen darin eine gezielte Planung des Präsidiums, um den Konsensdruck zu erhöhen.«[46] Mit Sicherheit hat aber Giscard d'Estaing die lange »Phase des Zuhörens« genutzt, um sich auf seinen zahlreichen Reisen in die Hauptstädte der Mitgliedsländer ein Bild davon zu machen, was in der dem Konvent nachfolgenden Regierungskonferenz überhaupt durchsetzbar sein würde, denn anders als manche Mitglieder des Konvents wusste er sehr genau, dass es am Ende allein auf diese Regierungskonferenz ankommt. Und erst mit der Vorlage des »Deutsch-französischen Beitrags zum institutionellen Aufbau der Union«[47], der gemeinsam von den Außenministern beider Länder, den Konventsmitgliedern De Villepin und Fischer, übermittelt wurde, lag schließlich die Richtung für den Umbau der institutionellen Architektur der EU fest. Erst danach, am 6. Februar 2003, legte das Präsidium – wie bereits beschrieben – seinen ersten Entwurf für die zukünftige institutionelle Architektur der Union vor.[48]

Je näher die Phase der Entscheidungen im Konvent rückte, desto mehr wurde er zu einem Vorbereitungsgremium der Regierungskonferenz. Für Außenminister wurde es nun interessant, dort Mitglied zu sein. Einige hatten dem Konvent von Beginn an angehört, wie etwa der belgische Außenminister Louis Michel, andere kamen jetzt dazu, im November 2002 Joseph Fischer und kurz danach sein französischer Kollege Dominique de Villepin, die Peter Glotz bzw. Pierre Moscovici ablösten. Im Februar 2003 stieß noch der griechische Außenminister Giorgos Papandreou dazu. Und es zeigte sich nun, dass die Konventsmitglieder alles andere als untereinander gleich waren. Erhob etwa der deutsche Außenminister das Wort, so stürzten Mitglieder, Beobachter und Journalisten sogleich an ihre Plätze, um ja nicht ein Wort zu verpassen. Wurde anschließend wieder ein ordinäres Konventsmitglied aufgerufen, so lichteten sich augenblicklich die Reihen.

Es dürfte daher sehr gewagt sein, in der Konventsmethode einen »spezifischen Beratungs- und Entscheidungsmodus« zu sehen, in dem »aus dem argumentativen Bemühen aller Beteiligten um kollektiv akzeptierte Problem- oder Konfliktlösungen eine transnationale Deliberation (Beratung) entsteht, die den Verlauf und das Ergebnis des Konvents einer breiteren Öffentlichkeit zuführt als dies bei Regierungskonferenzen der Fall war« [49] . Voraussetzung eines solch funktionierenden Prozesses »deliberativer Demokratie« soll danach u.a. sein, dass »das einzige Instrument zur Überzeugung anderer das bessere, von den anderen als überzeugender weil zur Problemlösung als angemessener anerkannte Argument« ist. Gegen eine solche emphatische Bewertung sprechen allein schon die beschriebene Arbeitsweise aber auch die Art der Zusammensetzung des Präsidiums. Dagegen spricht aber auch die Tatsache, dass der Konvent sehr wohl von Machtkämpfen bestimmt war. Dabei handelte es sich vor allem um Konflikte zwischen den großen Staaten, und die meist gemeinsam auftretenden Vertreter Deutschlands und Frankreichs spielten darin eine zentrale Rolle.

Es liegt daher eine ganz andere Bewertung der Arbeit des Konvents nahe. Seine Selbststilisierung als eines offenen Gremiums gleichberechtigter Mitglieder, das gemeinsam um die beste aller Lösungen ringt, hat vielmehr zur Verschleierung der wirklichen Machtverhältnisse beigetragen. Dies war vor allem das Ergebnis der praktizierten Konsensmethode, nach der das Präsidium, und oft sogar nur der Konventsvorsitzende allein, die Mehrheitsposition definierte und anschließend im Namen aller festlegte. Sicherlich wären formelle Abstimmungen in einem solchen, aus so unterschiedlichen Komponenten zusammengesetzten Gremium kaum vorstellbar gewesen. Doch durch die Methode des von oben verordneten Konsenses wurden vorhandene Widersprüche überdeckt und differierende Meinungen nach außen unsichtbar gemacht. Hinzu kam, dass durchaus zu Recht häufig bezweifelt werden konnte, ob die von Giscard d'Estaing selbstherrlich am Ende als Konsens verkündete Position überhaupt die einer Mehrheit war.[50]

In dem vom Vorsitzenden und seinen beiden Stellvertretern unterzeichneten Vorwort zum Entwurf des Verfassungsvertrages heißt es, dass ein »weitgehender Konsens« über den Text erzielt worden sei. Mit dieser Formulierung wurde teilweise heftiger Widerspruch zu einzelnen Vorschlägen überdeckt. Die Vertreter Polens als auch Spaniens hatten etwa ihre Ablehnung des in Art. I-24 neu geregelten Abstimmungsverfahrens im Ministerrat durchaus deutlich vernehmbar zu Protokoll gegeben. Und es war daher zu erwarten, dass in der nachfolgenden Regierungskonferenz dieser im Konvent ungelöst gebliebene Konflikt erneut auf die Tagesordnung kommen würde.

Der Zustimmung der Konventsmitglieder zu dem gesamten Text sollte auf der Abschlusssitzung in einer feierlichen Zeremonie mittels der Unterschrift jedes einzelnen Mitglieds Ausdruck verliehen werden. Tatsächlich haben wohl der Großteil, aber längst nicht alle Mitglieder unterzeichnet. Offensichtlich hielt man es daher nicht für sinnvoll, diese unvollständige Unterschriftenliste zu veröffentlichen, denn daraus hätte die Öffentlichkeit ja ersehen können, welche Vertreter welcher Länder nicht mit dem Entwurf einverstanden waren.

Der von oben einseitig verkündete »weitgehende Konsens« über den Gesamtentwurf wurde nach dem Ende der Arbeit des Konvents insbesondere von deutscher und französischer Seite als Argument benutzt, um damit diejenigen Kritiker abzuwehren, die in der nachfolgenden Regierungskonferenz noch Änderungen durchsetzen wollten. »Aufschnüren heißt Auflösen« lautete die Losung. Der durchaus widersprüchliche Entwurf wurde dabei als ein in sich geschlossenes und logisches Konzept dargestellt, das nur als Ganzes angenommen oder abgelehnt werden könne.[51] Damit wurde die oft beschworene Autorität des Konvents am Ende zu einer Waffe in der machtpolitischen Auseinandersetzung zwischen den Mitgliedstaaten. Im übrigen entsprach die Vorlage eines geschlossenen Konzepts keineswegs dem Auftrag von Laeken. Dort hatte es noch geheißen, »dass dem Konvent die Aufgabe zufällt, die wesentlichen Fragen zu prüfen, welche die künftige Entwicklung der Union aufwirft, und sich um verschiedene mögliche Antworten zu bemühen.«[52]

Die Konventsmethode – ein Modell mit Zukunft?

Die massiven Interventionen der Regierungen der Mitgliedstaaten, spätestens ab November 2002, in die Arbeit des Konvents haben seinen Nimbus, es handele sich bei ihm um eine Veranstaltung, auf der unabhängige Repräsentanten um die beste aller Lösungen ringen, endgültig zerstört. Der Konvent wurde damit auf den harten Boden der europäischen Machtpolitik zurückgeholt. Diejenigen, die ihm von Beginn an skeptisch gegenüberstanden, da er die »Frage nach der Verantwortung verschleiert«[53], konnten sich bestätigt fühlen. Dennoch hat die Konventsidee weiterhin Konjunktur. In Österreich hat im Juni 2003 ein »Österreich-Konvent« seine Arbeit aufgenommen, mit dem eine grundlegende Verfassungsreform erarbeitet werden soll. Und auch in Deutschland wird erwogen, über die Neuordnung der Zuständigkeiten im föderalen System einen Konvent beraten zu lassen.

Trotz dieser Unzulänglichkeiten war die Einrichtung des Konvents aber zumindest Ausdruck der historischen Tatsache, dass Änderungen der europäischen Verträge heute nicht mehr länger allein die Domäne nationaler Regierungen in Form internationaler Vertragsverhandlungen sein können. Die starke Beteiligung von Parlamentariern am Konvent kann bereits als ein Hinweis gesehen werden, dass die Union allmählich den Raum zwischenstaatlichen Aushandelns verlässt. Im Verfassungsentwurf ist daher auch vorgesehen, bei zukünftigen Vertragsänderungen erneut einen Konvent einzuberufen.[54]

In einer Hinsicht war der Konvent auf jeden Fall erfolgreich. Er hat eine bisher in europapolitischen Fragen nicht bekannte Aufmerksamkeit auf sich ziehen können. Durch die Publikation allein der gut 850 offiziellen Dokumente auf der Webseite des Konvents konnte jeder Einblick in seine Arbeit nehmen. Auf diese Homepage verwiesen weltweit etwa 67.500 Webseiten anderer Institutionen. Direkte Verknüpfungen schalteten etwa 5.250 Institutionen.[55] Allein die Tatsache, dass sich die Europäische Union eine Verfassung gibt, hat viele bisher Unbeteiligte neugierig werden lassen und veranlasst, sich zum ersten Mal überhaupt mit europapolitischen Fragen zu beschäftigen. Dennoch ist die Bekanntheit des Konvents in der europäischen Öffentlichkeit vergleichsweise gering geblieben. Die überwiegende Mehrheit der Bevölkerung hat auch heute noch nie etwas von ihm erfahren. Umfragen ergaben, dass 61 Prozent der Bürgerinnen und Bürger keine Ahnung hatten und nur 39 Prozent überhaupt jemals etwas von ihm gehört hatten. Am höchsten war noch der Grad der Informiertheit in Luxemburg, Finnland und Dänemark mit 63 Prozent. In Großbritannien können dagegen nur 17 Prozent der Bevölkerung etwas mit ihm anfangen. In Deutschland ist es mit 39 Prozent der europäische Durchschnitt, der schon einmal etwas vom Europäischen Konvent gehört hat.[56]

Anmerkungen

1 »Europa hat seit Abschluss der Gründungsverträge eine Verfassung. Jede Vertragsfassung in der Folgezeit hat die Ursprungsverfassung in den Ursprungsverträgen weiter entwickelt.« Siegfried Broß, Überlegungen zum gegenwärtigen Stand des Europäischen Einigungsprozesses, in: Europäische Grundrechte Zeitschrift, 2002, S.578f.

2 Rede des Bundesaußenministers Fischer am 12.05.2000 in der Humboldt-Universität zu Berlin »Vom Staatenbund zur Föderation – Gedanken über die Finalität der europäischen Integration«.

3 Vgl. Franz Cromme, Der Verfassungsvertrag des Institutionellen Ausschusses des Europäischen Parlaments von 1994, in: Zeitschrift für Gesetzgebung, 1995, S. 256 ff.

4 Im September 1994 wurde von der CDU/CSU das »Lamers/Schäuble/Glos-Papier« vorgelegt, das ein Kerneuropa vorschlug. Die PDS beschloss einen kompletten Entwurf für eine Europäische Verfassung. In der SPD-Bundestagsfraktion wurde 1995 ein europäischer Grundrechtekatalog erarbeitet.

5 Joseph Fischer, Rede vor dem Europäischen Parlament in Straßburg am 12.01.99.

6 Einen guten Überblick über diese Zeit der großen Entwürfe und Reden gibt die Arbeit von Sonja Volkmann-Schluck, Die Debatte um eine europäische Verfassung, Leitbilder-Konzepte-Strategien, CAP Working-Paper, München, Dezember 2001.

7 Johannes Rau, Plädoyer für eine Europäische Verfassung, Rede vom 04.04.2001 vor dem Europäischen Parlament.

8 Rede des Bundesaußenministers Fischer am 12.05.2000, a.a.O.

9 Sonja Volkmann-Schluck, a.a.O., S. 22: »Die inneren Impulse, welche die Debatte vorantrieben, kamen vor allem aus Deutschland.«

10 Die »Europäische Strukturkommission: Europa 96 – Reformprogramm für

die Europäische Union« war von der Bertelsmann-Stiftung und der Universität Mainz einberufen worden. Ihr gehörten u.a. Ernst Benda, Karl-Dietrich Bracher, Joachim Bitterlich und Fritz Scharpf an. Der Bericht wurde veröffentlicht in: Werner Weidenfeld (Hrsg.), Reform der Europäischen Union. Materialien zur Revision des Maastrichter Vertrages, 1995, Gütersloh. Werner Weidenfeld ist Leiter des Münchener Centrums für angewandte Politikforschung (CAP), das gemeinsam von der Münchener Maximilians-Universität und der Bertelsmann-Stiftung getragen wird. Das CAP hat als Think Tank durch Veranstaltungen und Schriften, etwa durch die Herausgabe des Info-Dienstes »Spotlight«, die Konventsarbeit ständig begleitet und zu beeinflussen versucht. Mitarbeiter im Konzern Bertelsmann ist auch der einflussreiche CDU-Europaabgeordnete Elmar Brok. Er ist Vorsitzender des Ausschusses für Außen- und Sicherheitspolitik des Europäischen Parlaments und war Konventsmitglied. Als einer von zwei Parlamentsvertretern war er bereits an den Vorarbeiten der 1997 in Amsterdam und 2000 in Nizza beschlossenen Verträge beteiligt gewesen. Auch der Regierungskonferenz, die den Konventsentwurf im Herbst 2003 überarbeitete, gehörte er als einer von zwei Berichterstattern des Europäischen Parlaments an.

11 Werner Weidenfeld, a.a.O., S.3.

12 Werner Weidenfeld, a.a.O., S.55.

13 Werner Weidenfeld, a.a.O., S.18.

14 Frank Deppe beschrieb mit diesem Begriff »einen Umschlag von der Maastricht-Euphorie in einen neu aufkommenden ›Europessimismus‹ bzw. in eine ›Perplexität‹ Europas (...), die sich zugleich in einer neuen Unsicherheit über den weiteren Weg der Integration verdichtet.« Vgl.: Frank Deppe, Deutsche Politik vor Maastricht II, in: Internationalisierung, Finanzkapital, Maastricht II, Frankfurt/M., 1996, S.80.

15 Vgl. Philippe Donckel, Volksabstimmungen – zum Erfolg verurteilt, in: Le Monde diplomatique, November 2003.

16 Während SPD und CDU einen Volksentscheid über die EU-Verfassung von Anfang an mehrheitlich ablehnten, sprachen sich zunächst der CSU-Vorsitzende Stoiber, die FDP und auch einzelne Politiker der Grünen wohl eher aus wahltaktischen Gründen für eine solche Abstimmung aus. Auch die PDS befürwortet eine Befragung. In der zu dieser Frage abgehaltenen Bundestagsdebatte glaubte vor allem der ehemalige CDU-Generalsekretär Hintze vor einer Volksbefragung warnen zu müssen, da sie nur eine » Bühne für Sektierer und Randalierer« wäre. Vgl. FAZ vom 07.11.03, Bundestag gegen Volksabstimmung.

17 Die Wahlbeteiligung war im Wahlkreis Liverpool Riverside mit 10,3 Prozent am niedrigsten. Quer über Großbritannien verteilt waren die 20 Stimmbezirke mit der geringsten Beteiligung überwiegend Innenstadtbezirke, wo Labour traditionell stark ist. Vgl. Maureen Anderson, Lektionen aus dem katastrophalen Wahlausgang für New Labour, in: PDS-International 3/1999.

18 Vgl. Wirtschaftswoche vom 25.09.03, S.16.

19 Vgl. zur Entwicklung der Beteiligung an den Wahlen zum Europäischen Parlament: David Judge und David Earnshaw, The European Parliament, Houndsmills/Hampshire and New York, 2003, p.75-80.

20 Dies sollte sich bei den Präsidentschaftswahlen 2002 mit dem überraschenden Erfolg von Le Pen noch einmal wiederholen. In einer Analyse des Ergebnisses des ersten Wahlgangs hieß es: »Bezeichnend ist dabei, dass die Liste der Départements, in denen der FN-Vorsitzende 2002 die größten Erfolge erzielt, jener entspricht, die sich 1992 gegen den Vertrag von Maastricht aussprachen. So zählen zu den 25 Départements mit Le Pen an der Spitzenposition 21 Départements, in denen das Nein zum Maastrichter Vertrag eine Mehrheit erzielte. Der extremen Rechten ist es damit erfolgreich gelungen, die Europakritiker anzuziehen.« Vgl., in: FAZ, Geschlossene Gesellschaft vom 30.04.02.

21 Erklärung zur Zukunft der Europäischen Union des Europäischen Rates von Laeken vom 14./15.12. 2001, Dok. SN 300/1 (DE), Anlage 1. Die Erklärung besitzt mehr die Form eines Essays als eine präzise Aufgabenbeschreibung der Arbeit des mit ihr eingesetzten »Konvents zur Zukunft Europas«. Über weite Strecken besteht sie aus Fragen, die sich offensichtlich der Europäische Rat selbst stellte.

22 Jürgen Habermas, Warum braucht Europa eine Verfassung? in: Die Zeit, Nr. 27, 2001.

23 Thomas Oppermann, Eine Verfassung für die Europäische Union, in: Deutsches Verwaltungsblatt, Heft 18, 2003, S.1165.

24 FAZ vom 01.06.01, Europäisches Parlament fordert Zusagen für Verfassungs-Konvent.

25 Die deutschen Bundesländer hatten sich nach der Regierungskonferenz von Nizza auf einem Sondertreffen der Europaministerkonferenz am 20. April 2002 auf ein Eckpunkte-Papier verständigt, das neben der Kompetenzproblematik auch die Frage des Status der Grundrechtecharta sowie der künftigen Stellung der Regionen in der EU behandelte, vgl. EU-Ausschuss des Bundesrates Drs. Nr. 2011.

26 Erklärung zur Zukunft der Union, Schlussakte der Regierungskonferenz zum Vertrag von Nizza vom 28. Februar 2001; BGBl. 2002 II, S.1666.

27 Erklärung zur Zukunft der Europäischen Union des Europäischen Rates von Laeken, a.a.O.

28 Erklärung zur Zukunft der Europäischen Union des Europäischen Rates von Laeken, a.a.O.

29 Erklärung zur Zukunft der Europäischen Union des Europäischen Rates von Laeken, a.a.O.

30 Zur Arbeitsweise dieses Konvents vgl. Sylvia-Yvonne Kaufmann (Hrsg.), Grundrechtecharta der Europäischen Union, Mitglieder und Beobachter des Konvents berichten, Berlin 2001.

31 Allerdings ist die Grundrechtecharta bis heute nicht in Kraft getreten. Als

Teil II des vorgesehenen Vertrags über eine Verfassung für Europa hängt ihr Schicksal nun von dem noch offenen Ausgang des Streits über ihn ab.

32 Nach der Erklärung von Laeken sollte der Konvent aber nur die Vorarbeit für eine Regierungskonferenz leisten. Dort heißt es: »Im Hinblick auf eine möglichst umfassende und möglichst transparente Vorbereitung der nächsten Regierungskonferenz hat der Europäische Rat beschlossen, einen Konvent einzuberufen, dem die Hauptakteure der Debatte über die Zukunft der Union angehören.« Vgl. Erklärung zur Zukunft der Europäischen Union des Europäischen Rates von Laeken, a.a.O.

33 Über die Rolle der Vertreter der Beitrittsländer heißt es in der Erklärung von Laeken: »Die Bewerberländer werden umfassend an den Beratungen des Konvents beteiligt. Sie werden in gleicher Weise wie die Mitgliedstaaten vertreten sein und an den Beratungen teilnehmen, ohne freilich einen Konsens, der sich zwischen den Mitgliedstaaten abzeichnet, verhindern zu können.« Vgl. Erklärung zur Zukunft der Europäischen Union des Europäischen Rates von Laeken, a.a.O.

34 Vgl. Ulrike Kopetzky, Nacharbeiten bitte, es ist viel Arbeit nötig, um Frauenrechte in der EU-Verfassung zu verankern, in: Freitag 47 vom 14.11.2003.

35 Dort heißt es zur Aufgabe des Präsidiums lediglich: »Dem Präsidium fällt die Aufgabe zu, Anstöße zu geben, und es erstellt eine erste Arbeitsgrundlage für den Konvent.« Vgl. Erklärung zur Zukunft der Europäischen Union des Europäischen Rates von Laeken, a.a.O.

36 Gisela Stuart, The Making of Europe's Constitution, Publication of the Fabian Society, London 2003, p.19.

37 Auch die Arbeitsgruppen arbeiteten ohne Simultanübersetzung und die dort beratenen Papiere wurden nur auf Englisch bzw. Französisch vorgelegt. Dies war, vor dem Hintergrund, dass für die Ausschussberatungen des Europäischen Parlaments jeder noch so kleine Änderungsantrag selbstverständlich in alle Amtssprachen übersetzt wird, schon ein erstaunlicher Umstand.

38 Vgl. Erklärung zur Zukunft der Europäischen Union des Europäischen Rates von Laeken, a.a.O.

39 Vgl. FAZ vom 26.06.02, Organisationseuropa – wie der Konvent mit Bürgern spricht.

40 Vgl. Schlusserklärung des Europäischen Jugendkonvents, CONV 205/02.

41 Emanuel Richter, Altväterliches Gremium mit Hang zum Autoritativem, Der Europäische Konvent und die Demokratie – ein republikanischer Aufbruch für Europa? In: Frankfurter Rundschau vom 18.11.02

42 In der ersten Phase der Konventsarbeit wurden die Plenarsitzungen sogar noch live per Internet übertragen. Als die Beteiligungsrate aber angesichts der eintönigen Sitzungen schnell sank, stellte man dies wieder ein.

43 Vgl. CONV 369/02.

44 Vgl. CONV 528/03.

45 Vgl. CONV 725/03.

46 Thomas Oppermann, Eine Verfassung für die Europäische Union, a.a.O., S.1167.

47 Vgl. CONV 489/03.

48 Über die Bedeutung des deutsch-französischen Beitrags in der Arbeit des Konvents schrieb Peter Norman in The Accidental Constitution. The Story of the European Convention, Brussels 2003, p. 174: »The joint Franco-German proposals on the institutions were to prove a key turning point in the life of the Convention. (...) The text set the tone of the institutional debate for the rest of the Convention.«

49 Andreas Maurer, Die Methode des Konvents – ein Modell deliberativer Demokratie? In: Integration, 26. Jg., 2/2003, S.131.

50 Der Leitungsstil von Giscard d'Estaing ist oft als »autistisch« beschrieben worden. Einige Konventsmitglieder haben gelegentlich die in Änderungsanträgen erkennbar gewordenen gemeinsamen Positionen mit den Schlussfolgerungen des Konventsvorsitzenden verglichen. Sie kamen dabei zu dem Ergebnis, dass Giscard d'Estaing Positionen des Konvents selbst dann unberücksichtigt ließ, wenn sie von einer Dreiviertelmehrheit des Konvents geteilt wurden.

51 Beispielhaft für diese Position sind die Worte von Hans-Dietrich Genscher im Tagesspiegel vom 14.10.03 unter der Überschrift »Aufschnüren heißt Auflösen«: »Die europäischen Regierungen sollten sich von dem gemeinsamen Willen leiten lassen, den Entwurf als Ganzes zu bewahren, denn: Wer einen Stein herausbricht, beschwört die Gefahr des Zusammensturzes des Ganzen. Aufschnüren führt zu Auflösen.«

52 Vgl. Erklärung zur Zukunft der Europäischen Union des Europäischen Rates von Laeken, a.a.O.

53 Vgl. Ralf Dahrendorf, Ein Konvent ist kein Politik-Ersatz, in: Süddeutsche Zeitung vom 16.09.03.

54 Vgl. Art. IV-7.

55 Zitiert nach Andreas Maurer, a.a.O. S.133.

56 Focus vom 17.11.03.,Wer kennt den Konvent?

Teil II
Die neue institutionelle Architektur der Europäischen Union

1. Das Europäische Parlament – ein Papiertiger?

Eine der dem Konvent gestellten Fragen lautete, ob und wie »die Rolle des Europäischen Parlaments gestärkt werden sollte. Sollen wir das Mitentscheidungsrecht ausweiten oder nicht? Soll die Art und Weise, in der wir die Mitglieder des Europäischen Parlaments wählen, überprüft werden? Ist ein europäischer Wahlbezirk notwendig oder soll es weiterhin im nationalen Rahmen festgelegte Wahlbezirke geben? Können beide Systeme miteinander kombiniert werden?«[1]

Gegenwärtig ist das Europäische Parlament noch längst kein vollwertiges Parlament und – das kann hier bereits gesagt werden – wird dies auch nach der Annahme des Konventsvorschlags nicht sein. Legt man zur Definition der Merkmale eines parlamentarischen Regierungssystems die institutionellen und sozialstrukturellen Kriterien zugrunde, wie sie sich in den parlamentarischen Systemen Europas nach 1789 entwickelt haben, fehlt es dem Europäischen Parlament auch 25 Jahre nach seiner ersten Direktwahl im Jahre 1979 noch immer an elementaren Rechten, die für dieses Regierungssystem nun einmal unentbehrlich sind.[2] Es ist eben nicht so gekommen, wie es Willy Brandt, der selbst Mitglied im ersten direkt gewählten Europäischen Parlament war, glaubte vorhersagen zu können, dass es sich nämlich, wie jedes andere Parlament zuvor auch, seine Rechte schon selbst erkämpfen werde. Kritiker sehen in der Einführung der Direktwahl zum Europäischen Parlament paradoxerweise sogar einen Grund für die Entparlamentarisierung der nationalen Ebene. »Bis 1979 waren die Europaabgeordneten noch an die nationalen Parlamente rückgekoppelt. Seit der Direktwahl geht selbst der europäische parlamentarische Entscheidungsprozess an den nationalen Parlamenten vorbei.«[3]

Versprechen, die damals, 1979, gegeben worden waren, etwa die volle Beteiligung des Parlaments an der europäischen Gesetzgebung, wurden bis heute nicht eingelöst. Und auch bei der Gründung der Europäischen Union 1992 blieb der große Durchbruch aus. Der Vertrag von Maastricht hatte wohl die Zahl der Bereiche deutlich erhöht, in denen die EU Einfluss nehmen kann, dem entsprach aber nicht im gleichen Maße die Ausweitung der Mitentscheidungsmöglichkeit durch das Europäische Parlament. Ihm steht bis heute nicht das Recht zu, eigene Gesetzesinitiativen einbringen zu können. Es hat auch nur sehr schwache Möglichkeiten, auf die Exekutive durch deren Wahl und Abwahl oder an sie gerichtete Interpellationen Einfluss zu nehmen. Betrachtet man Ministerrat und Kommission einmal in ihrer Eigenschaft als Exekutive, so hat das Parlament überhaupt nur Einfluss auf die Kommission.

Ein Initiativrecht für das Europäische Parlament?

Über das Recht zur Vorlage von Gesetzesentwürfen verfügt nach der gegenwärtigen Konstruktion der Union so gut wie ausschließlich die Kommission. Sie ist es, die nach dem geltenden Recht Vorschläge für Verordnungen und Richtlinien unterbreitet. Lediglich im Bereich der Innen- und Rechtspolitik muss sie sich dieses Recht bei Entwürfen für die dort zur Anwendung kommenden Rahmenrichtlinien mit den Mitgliedstaaten teilen. Die Rechte des Europäischen Parlaments bei der Initiierung von Rechtsakten sind gering, und geht es nach dem Konventsentwurf, so sollen sie auch gering bleiben. Das Parlament kann lediglich die Kommission auffordern, Initiativen vorzulegen. Ob die Kommission dann aber einer solchen Bitte nachkommt, steht auf einem ganz anderen Blatt. Zu keinem Zeitpunkt stand im Konvent ernsthaft zur Debatte, dem Europäischen Parlament das jedem wirklichen Parlament selbstverständlich zustehende Recht zur Einbringung von Gesetzesinitiativen zu geben. Dieses Initiativrecht sollen hingegen die Bürgerinnen und Bürger der Union haben, vorausgesetzt, es kommen genügend von ihnen zusammen. Nach Art. I- 46 Abs. 4 können nämlich »eine Million Bürgerinnen und Bürger aus einer erheblichen

Zahl von Mitgliedstaaten die Kommission auffordern, geeignete Vorschläge zu Themen zu unterbreiten, zu denen es nach Ansicht der Bürgerinnen und Bürger eines Rechtsaktes der Union bedarf, um die Verfassung umzusetzen«. Demnach hätten wohl sie das Initiativrecht, nicht aber das von ihnen direkt gewählte Parlament. Eine absurde Konstruktion.

Die Bedeutung der Mitentscheidung

Die wichtigste Handlungsebene des Parlaments und zugleich sein wirksamstes Instrument, mit dem es seinen Einfluss geltend machen kann, ist das Verfahren der Mitentscheidung. Dieses in Art. 251 EGV und, inhaltlich weitgehend unverändert, in Art. III-302 des Konventsentwurfs geregelte Verfahren gibt dem Parlament in einer Reihe von Materien das Recht, als gemeinsamer Gesetzgeber am Rechtsetzungsverfahren teilzunehmen. Das Mitentscheidungsverfahren kam mit dem Vertrag über die Europäische Union 1992 in den EG- Vertrag. Durch den Amsterdamer Vertrag wurde es um einige Regelungsinhalte erweitert. Gegenwärtig fallen unter dieses Verfahren vor allem Fragen des Binnenmarktes, der Freizügigkeit der Arbeitnehmer, der Niederlassungsfreiheit, des Verkehrs, allgemeine und berufliche Bildung sowie Verbraucherschutz. Die nun vom Konvent vorgeschlagene deutliche Ausweitung des Anwendungsbereichs der Mitentscheidung ist ohne Zweifel ein Zugewinn an demokratischen Rechten für das Europäische Parlament. Es stellt sich jedoch die Frage, ob das Parlament damit bereits auf die gleiche Stufe mit der Kommission, als dem Initiator der Rechtsakte, bzw. dem Ministerrat, als dem Gesetzgeber, gestellt wird.

Es kann nicht übersehen werden, dass auch weiterhin wichtige Teile der Politik der Europäischen Union außerhalb wirksamer parlamentarischer Kontrolle bleiben. Dies betrifft die gesamte Agrarpolitik und die Außen- und Sicherheitspolitik. Aber auch in der Innen- und Rechtspolitik, wie etwa bei Entscheidungen über die polizeiliche Zusammenarbeit[4], bei der Steuerpolitik und in wichtigen Fragen der Haushaltspolitik werden dem Europäischen Parlament auch in Zukunft allenfalls Anhörungsrechte zugestanden.

Die Frage der Demokratisierung der Europäischen Union beantwortet sich zudem nicht allein anhand der bloßen Zahl der Bereiche, in denen das Europäische Parlament zukünftig an der Gesetzgebung beteiligt sein soll.[5] Man würde dabei nämlich ganz aus dem Blick verlieren, wie die Entscheidungen in der Europäischen Union in der Realität zustande kommen. Die daran beteiligten Akteure verfügen eben keineswegs über gleiche Ausgangsbedingungen. Um die tatsächlichen Einflussmöglichkeiten des Europäischen Parlaments auf die europäische Gesetzgebung erfassen zu können, muss berücksichtigt werden, dass dem Parlament nicht nur das Initiativrecht fehlt, sondern vor allem das Recht, über die Spitze der Exekutive, über den Präsidenten der Kommission, zu entscheiden.

Die Debatte über die Wahl des Kommissionspräsidenten

Entsprechend dem in Nizza festgelegten Verfahren benennt der Europäische Rat nach Art. 214 EGV den Kommissionspräsidenten, und »diese Benennung bedarf der Zustimmung des Europäischen Parlaments«. Die anschließend vom Kommissionspräsidenten erstellte Liste der übrigen Kommissionsmitglieder nimmt ebenfalls zunächst der Europäische Rat mit qualifizierter Mehrheit an. Der Präsident und die übrigen Kommissionsmitglieder stellen sich schließlich als Gesamtkollegium dem Votum des Europäischen Parlaments. Dessen Rechte beschränken sich demnach allein darauf, die zuvor vom Europäischen Rat ausgewählten Kandidaten bestätigen oder ablehnen zu können.

Die Forderung nach der Wahl der Kommission, zumindest aber ihres Präsidenten durch das Europäische Parlament stellte eine der wichtigsten Forderungen der Europaparlamentarier im Verfassungsprozess dar. Die in Nizza festgelegte Regelung wurde denn auch bereits im Vorfeld des Konvents von ihnen mit breiter Mehrheit scharf kritisiert und als »einer der (dort) ungelösten Punkte angesehen, die für eine demokratischere und effizientere Arbeitsweise der Organe der Union unerlässlich sind und daher auf die Tagesordnung der Reform der Verträge gesetzt werden müssen.«[6] Von den Regierungen der Mitgliedstaaten wurde diese Forderung hingegen sehr unterschiedlich bewertet. Während sich die Bundesrepublik und auch eine Reihe kleinerer Länder frühzeitig auf eine Wahl des Kommissionspräsidenten durch das Parlament festlegten, wurde dies von Großbritannien, Spanien und Frankreich von Beginn an abgelehnt.

Die Alternativen in dieser Frage hatte bereits Außenminister Fischer in seiner Grundsatzrede an der Humboldt-Universität deutlich gemacht: »Entweder entscheidet man sich für die Fortentwicklung des Europäischen Rats zu einer europäischen Regierung, das heißt, die europäische Regierung wird aus den nationalen Regierungen heraus gebildet, oder man geht, ausgehend von der heutigen Kommissionsstruktur, zur Direktwahl eines Präsidenten mit weitgehend exekutiven Befugnissen über.«[7] Die Frankfurter Allgemeine Zeitung kommentierte: »Fischer ließ schon damals keinen Zweifel daran, dass er das Modell der Wahl des Kommissionspräsidenten bevorzuge. Offen blieb, ob tatsächlich eine Direktwahl in Frage komme oder nicht vielmehr eine Wahl durch das Europäische Parlament.«[8] Und über die Planungen im deutschen Auswärtigen Amt wusste sie zu berichten: »Dort liebäugelt man mit der Idee, das Europäische Parlament solle nicht nur das Recht zur Präsidentenwahl zugesprochen bekommen, sondern gleich das zu seiner Abwahl dazu. Gedacht wird an ein konstruktives Misstrauensvotum in Anlehnung an das deutsche Regierungssystem.«[9] Die deutschen Mitglieder im Konvent unterstützten diese Position. Alle schlossen sich einer entsprechenden Initiative des damaligen Konventsmitglieds Peter Glotz an. Er selbst ließ sich in der Auseinandersetzung über diese Frage sogar zu der Bemerkung hinreißen, dass es hier darum gehe, ob »in Europa der Geist Metternichs oder der Geist Monnets herrsche.«[10]

Dass es für die deutsche Seite schwierig werden würde, ihre Position im Konvent durchzusetzen, darauf deutete bereits eine Äußerung von Giscard d'Estaing im Spiegel vom Oktober 2002 hin. Auf die Frage, ob der Kommissionspräsident vom Europäischen Parlament gewählt und so demokratisch legitimiert werden solle, hatte er geantwortet: »Es geht nicht unbedingt um die Wahl. Am Ende wird das Parlament ein letztes Wort haben. Wichtiger aber ist der vorausgehende Auswahlprozess im Rat für den besten Mann oder die beste Frau, der oder die am besten das europäische Allgemeinwohl vertreten kann.«[11] Und in einem Anfang Oktober 2002 vorgelegten Positionspapier der Mitglieder der europäischen Sozialdemokraten im Konvent war erst gar kein Vorschlag für die Wahl des Kommissionspräsidenten enthalten.[12] Angesichts dieser, sich bereits früh abzeichnenden Schwierigkeiten verwundert es nicht, dass die deutschen Unterhändler einen Kompromiss mit ihren französischen Partnern suchten. Im Januar 2003 verständigten sich Schröder und Chirac auf einen gemeinsamen Vorschlag zur institutionellen Architektur. Von ihren beiden Außenministern wurde dieses Kompromisspapier umgehend in den Konvent eingebracht.[13] Darin heißt es u.a. zum Wahlverfahren der Kommission: »Die Kommission und ihr Präsident werden im Anschluss an die Europawahlen ernannt. Nach der Wahl des Präsidenten der Kommission durch das Europäische Parlament mit einer qualifizierten Mehrheit seiner Mitglieder wird dieser durch den Europäischen Rat, der mit qualifizierter Mehrheit beschließt, bestätigt.« Das in Nizza vereinbarte Verfahren sollte demnach umgedreht werden. Fortan sollte erst das Parlament entscheiden und der Rat seine Entscheidung lediglich bestätigen. Allerdings sollte es nur mit einer qualifizierten Mehrheit wählen können, was unter den gegenwärtigen politischen Verhältnissen allein mit Hilfe einer großen Koalition aus Konservativen und Sozialdemokraten zu erreichen ist. Im Gegenzug zu diesem französischen Einschwenken auf die Position der Bundesrepublik gab die deutsche Seite bei der französischen Forderung nach Schaffung des Amtes eines Präsidenten für den Europäischen Rat nach. Ein Vorschlag allerdings, der unter den Mitgliedern des Konvents wohl zu keinem Zeitpunkt eine Mehrheit hatte.

Doch die deutsch-französische Verständigung ließ die generellen Gegner einer Wahl des Kommissionspräsidenten durch das Parlament nicht ruhen. Ende Februar 2003 verständigten sich die britische und die spanische Regierung bei einem Gipfeltreffen auf alternative Vorschläge. Den britisch-spanischen Standpunkt legten die beiden Konventsmitglieder Ana Palacio und Peter Hain in einem gemeinsamen Dokument dem Konvent vor.[14] Danach sollte zunächst der Rat den Kommissionspräsidenten ernennen, anschließend würde ihn das Parlament wählen dürfen. Es sollte demnach in etwa bei dem in Nizza vereinbarten Vorgehen bleiben.[15]

Tatsächlich sieht das nun vom Konvent in Art. I-26 vorgesehene Verfahren zur Wahl des Kommissionspräsidenten dem spanisch-britischen Vorschlag sehr ähnlich. Lediglich eine Bezugnahme auf das Ergebnis der Wahlen zum Europäischen Parlament kam hinzu. Der vorgeschlagene Text des Artikels lautet nun in Absatz 1: »Unter Berücksichtigung der Wahlen zum Europäischen Parlament schlägt der Europäische Rat diesem im Anschluss an entsprechende Konsultationen mit qualifizierter Mehrheit einen Kandidaten für das Amt des Präsidenten der Kommission vor. Das Europäische Parlament wählt diesen Kandidaten mit der Mehrheit seiner Mitglieder. Erhält dieser Kandidat nicht die Mehrheit, schlägt der Europäische Rat dem Europäischen Parlament innerhalb eines Monats einen neuen Kandidaten vor, wobei dasselbe Verfahren wie zuvor angewandt wird.«

Formal blieb man damit zwar auf der Linie des deutsch-französischen Kompromisses, nach dem das Parlament wählen kann. Hinzugekommen war nur die kleine aber entscheidende Einschränkung, dass diese »Wahl« lediglich über einen einzigen Vorschlag des Rates stattfinden soll. »Nun rächte sich, dass Berlin das Wahlverfahren im deutsch-französischen Kompromiss nicht hatte festlegen lassen. Giscard d'Estaing hat dieses Versäumnis listig ausgenutzt. (...)«[16] Jetzt war auch klar, was er gemeint hatte, als er im Spiegel-Interview davon sprach, dass wichtiger als die Wahl »der vorausgehende Auswahlprozess im Rat für den besten Mann oder die beste Frau (sei), der oder die am besten das europäische Allgemeinwohl vertreten kann«.[17]

Die Bedeutung der Wahl des Kommissionspräsidenten

Der große Raum, den die Behandlung des Wahlverfahrens in der Konventsberatung einnahm ist ein Hinweis darauf, dass es sich dabei keineswegs um eine untergeordnete juristische Frage handelte. Es war womöglich *die* entscheidende Frage bei der Gestaltung der institutionellen Architektur der Union und bei der Bestimmung des künftigen Verhältnisses zwischen dem Europäischen Parlament und den anderen Institutionen der EU. Diese Entscheidung war auch wichtiger als jene, in welchen Angelegenheiten das Parlament zukünftig Mitentscheidungsrechte erhalten soll und wichtiger noch als die Ablehnung eines Initiativrechts für das Parlament.

Die Bedeutung der Wahl der Exekutive durch das Parlament ergibt sich aus der Analyse des Ablaufs des Gesetzgebungsverfahrens, wie es sich historisch in den repräsentativen Demokratien entwickelt hat.[18] Denn obwohl die Parlamente generell das Recht besitzen, von sich aus eigene Gesetzesinitiativen einzubringen, und etwa im Bundestag auch regelmäßig alle Fraktionen zu den wichtigsten Gesetzesvorhaben eigene Vorlagen einreichen, geht dieses Recht in der Realität immer stärker auf die Exekutive über. Grund dafür ist »die starke Position der Verwaltung, die aus der Vollzugspraxis die notwendigen Änderungen und Anpassungen benennt und im Vorfeld der Initiative Alternativen materiell prüft und abklärt. Dem vorgelegten Entwurf geht in aller Regel eine Vielfalt verwaltungsinterner Konsultations- und Koordinierungsprozesse voraus. Das parlamentarische Verfahren setzt nicht auf unbestelltem Feld an. Hier deutet sich bereits an, dass die Initiative heute weitgehend auf die Regierungen übergegangen ist – selbst dort, wo sie formell kein Recht dazu hat: In den USA entstehen 50% der Entwürfe in der Exekutive; von denen, die erfolgreich sind, initiiert sie 80%. Noch stärker hat im parlamentarischen Regierungssystem Großbritanniens die Regierung die Klinke in die Hand genommen.«[19] Auch im Deutschen Bundestag bringt die Regierung regelmäßig etwa die Hälfte aller Gesetzesentwürfe ein, unter den verabschiedeten stammen sogar mehr als 2/3 von ihr.[20]

Auf den ersten Blick spricht also manches dafür, dass das auf der europäischen Ebene praktizierte Verfahren, bei dem die Kommission als Quasi-Exekutive alle Gesetzesvorhaben initiiert, daher gar nicht so ungewöhnlich ist, zumal ihre mehr als 15.000 Beamten ein klares Übergewicht gegenüber den nur ca. 2.500 des Europäischen Parlaments besitzen. Hinzu kommt, dass nur die Kommission über einen hinreichenden Überblick über die Entwicklung in den Mitgliedsländern verfügt, nur sie kann den regelmäßigen Kontakt mit Initiativen, Nichtregierungsorganisationen und verschiedensten Lobbygruppen halten. Nur sie allein hat die Mittel und auch das Personal, um Konsultationen durchzuführen und um Anhörungen abzuhalten. Selbst für speziellste Fragen unterhält sie eigene Referate. Bei den Fraktionen des Europäischen Parlaments müssen dagegen nicht selten ein bis zwei Mitarbeiter ganze Politikbereiche abdecken. Im Ergebnis kommt es dann bei den Beratungen über die Kommissionsvorschläge im Parlamentsausschuss und im Plenum, selbst in den Bereichen, in denen das Parlament ein Mitentscheidungsrecht besitzt, oft nur zu einigen zweitrangigen Abänderungen der von der Kommission ausgearbeiteten Vorlagen. Ihre faktische Übermacht im Gesetzgebungsverfahren ist schlicht erdrückend.

Doch für den Bundestag kann aus einer vergleichbaren personellen und materiellen Unterlegenheit gegenüber den Ministerialbürokratien keineswegs auf eine solche Ohnmacht geschlossen werden, wie sie das Europäische Parlament empfindet. Denn anders als dort gilt hier, »die enge Verschmelzung von Regierung und Parlamentsmehrheit zur politischen Funktionseinheit. (...) Die Statistik (über die erfolgreich eingebrachten Gesetzesentwürfe) sagt kaum etwas anderes, als dass sich eine parlamentarische Parteiregierung bei der gesetzgeberischen Umformung ihrer Ordnungsvorstellungen des Exekutivapparats bedient, also dessen Kompetenz bei der Rechtskonkretisierung in Anspruch nimmt. (...) Die Statistik sagt nichts aus über die konkrete politische Herkunft einer Initiative. Zum Beispiel ist es durchaus nicht selten, dass eine Regierungsvorlage auf entsprechende Anforderungen der Mehrheit zurückgeht, die Regelungsbedarf in einer gewissen Richtung anmeldet, ohne zugleich selbst eine Formulierung im Detail erarbeiten zu wollen, sich gleichsam auf politische Führung beschränkend. Jedenfalls deckt das parlamentarische Regierungssystem einen Wandel des Parlamentsverständnisses, nach welchem die Abgeordneten zwar Gesetze beraten und verabschieden, aber nicht notwendigerweise die Vorlagen selbst ausarbeiten müssen, nachdem die Formulierungshilfe leistende Ministerialbürokratie der politischen Führung der Mehrheit untersteht. (...) Stärker als früher werden z. B. Referentenentwürfe heute von vornherein durch partei- und koalitionspolitische Vorgaben auf der ministeriellen Führungsebene vorgeprägt. Zusätzlich bestehen entsprechende Einflussmöglichkeiten auch in jenem Stadium, in dem Referenten- zu Kabinettsentwürfen umgeformt werden.«[21] Die Wahrnehmung dieser Rolle ist aber an institutionelle Voraussetzungen gebunden: »Hochdifferenzierte Arbeitsteilung durch das Ausschusssystem, fast mehr noch durch die fraktionsinterne Organisation der Willensbildung in Arbeitskreisen und Arbeitsgruppen, entsprechende Spezialisierung der Abgeordneten und eine inzwischen durchaus ansehnliche Infrastruktur gewähren ihm (dem Bundestag) die Möglichkeit dazu. (...) Die entscheidungsprägende Wirkung der Beschlussempfehlung der Ausschüsse geht von der Übereinstimmung zwischen Ministerialbürokratie und den Ausschussexperten der regierenden Mehrheit aus. Diese Übereinstimmung wird aber nicht erst hergestellt, wenn ein Gesetzentwurf das formale parlamentarische Verfahren erreicht hat, sondern bereits vorher in informellen Kontakten.«[22]

Diese Situation trifft grundsätzlich auf alle repräsentativen Parlamentssysteme Europas zu, selbst auf die Nationalversammlung Frankreichs, deren gesetzgeberische Position erheblich beschnitten und daher der Situation des Europäischen Parlaments gar nicht so unähnlich ist. »Andererseits bleibt (in Frankreich) die kontinentaleuropäische Tradition, in den Ausschüssen gründlich zu beraten und Änderungen zu bewirken, unangetastet. Das legislatorische Selbstverständnis scheint insoweit – für Italien gilt ähnliches – mit jenem im Deutschen Bundestag vergleichbar.«[23]

Die Angst vor der Politisierung der Kommission

Angesichts der hier dargestellten Unterschiede bei der konkreten Gesetzgebungsarbeit zwischen dem Europäischen Parlament und den nationalen Parlamenten wird gut erkennbar, was eine Wahl des Kommissionspräsidenten durch das Europäische Parlament bedeuten würde. Es wäre der Beginn einer Politisierung der Gesetzgebung und zwar bereits in der Phase ihrer Konzipierung.

Die jeweilige Mehrheit im Europäischen Parlament könnte, ähnlich wie es regelmäßig in nationalen Parlamenten geschieht, durch die Wahl der Spitzen der Exekutive die gesamte Administration, hier die der Kommission, politisch einfärben. Eine solche Politisierung sollte aber aus Sicht der Regierungen der Mitgliedsländer, die dabei von einflussreichen Medien und Verbänden, ja selbst von einer Reihe von Europaparlamentariern im Konvent unterstützt wurden, unbedingt verhindert werden. So stellte selbst das in der deutsch-französischen Initiative vorgeschlagene Verfahren für die Wahl des Kommissionspräsidenten, in dem eine absolute Mehrheit verlangt wurde, eine klare Absage an eine Politisierung der Kommission dar. In einer Analyse des Vorschlags heißt es: »Weder im deutsch-französischen Vorschlag, noch im Memorandum der Benelux-Staaten noch im gemeinsamen Papier der 16 kleineren Staaten wird die Wahl des Kommissionspräsidenten mit einfacher Mehrheit gefordert. Vorgeschlagen wird vielmehr eine qualifizierte Mehrheit bei der Wahl des Kommissionspräsidenten durch das Europäische Parlament. Dies läuft zwar der ursprünglichen Idee zuwider und mindert ganz erheblich das attraktivitätsfördernde Element einer echten Wahl zwischen den Spitzenkandidaten der europäischen Parteienbünde. (...) Ein entsprechendes Quorum ließe sich in der Regel nur durch eine größere Koalition erreichen, was das Argument erheblich schwächt, der Kommissionspräsident könnte durch einen Wahlvorgang in Abhängigkeit bestimmter einseitiger parlamentarischer Mehrheiten geraten.«[24]

Bei der Kontroverse um das Wahlverfahren des Kommissionspräsidenten geht es also im Kern um die Verhinderung einer »Politisierung der Kommission«, die dazu noch abschätzig als die Herstellung einer »Abhängigkeit von einseitigen parlamentarischen Mehrheiten« bezeichnet wird, was nicht unbedingt als Ausdruck von Respekt vor dem Mehrheitsverfahren einer repräsentativen Demokratie betrachtet werden kann. Aber dieses Mehrheitsverfahren soll ja eben nur auf europäischer Ebene nicht gelten, obgleich dort inzwischen oft wichtigere Entscheidungen über das Schicksal europäischer Bürgerinnen und Bürger gefällt werden als in so manchem nationalen Parlament. Die Kommission soll mitsamt ihrer beeindruckend großen Bürokratie aus politischer Einflussnahme herausgehalten werden, was im Ergebnis nichts anderes bedeutet, als dass die mittels Wahlen ausgeübte Souveränität der europäischen Völker sich nicht auf diese zentrale Institution erstrecken soll. Dieses Ansinnen ist es, das hinter dem Wort von der Kommission als unabhängiger »Motor, Wächter und ehrlicher Makler« (Walter Hallstein), von der »Hüterin der Verträge« oder von einer nur »dem Gesamtinteresse verpflichteten Kommission«[25] steckt. Diese Formeln sind dazu geeignet, einen Vorhang vor das tatsächliche Wirken der Kommission zu ziehen, denn natürlich ist diese alles andere als politisch neutral und unabhängig. In zahlreichen Studien wurde detailliert nachgewiesen, wie eng etwa die personellen Beziehungen zwischen führenden Beamten der Kommission und den Interessensvertretern der großen Industrie sind, wie zugänglich sich der Brüsseler Apparat gegenüber ihren Wünschen regelmäßig zeigt und wie eindeutig neoliberal ausgerichtet ihre Initiativen etwa in der europäischen Beschäftigungs- und Sozialpolitik oder bei der Kommerzialisierung der öffentlichen Dienste zur Daseinvorsorge ausfallen.[26]

Dass sich mittels einer Wahl des Kommissionspräsidenten mit einfacher Mehrheit im Europäischen Parlament langfristig der gesamte Charakter der Union verändern könnte, darauf wurde von interessierter, wirtschaftsnaher Seite bereits in einer sehr frühen Phase der Konventsarbeit warnend hingewiesen: »Auf der Suche nach einem ausgewogenen, demokratischen Vorstellungen folgenden Kräfteverhältnis zwischen der EU-Kommission, dem Ministerrat und dem Europäischen Parlament könnte der Konvent auch bald auf Abwege geraten. Ein Beispiel ist die fast zum Dogma herangereifte Forderung, dass der Kommissionspräsident künftig durch die Straßburger Versammlung gewählt werden solle. Das könnte zur Politisierung der EU-Exekutive mit Absprachen und Paketlösungen der Parteien führen und damit die Unabhängigkeit der Kommission einschränken oder gar beseitigen. Wer die Brüsseler Behörde als Vorläufer einer europäischen Regierung sieht, die schon heute dem politisch jeweils vorherrschenden Farbenmuster zögernd folgt, wird diesen Weg mit einigen Einschränkungen mitgehen wollen. Eine noch mehr von den politischen Parteien abhängige Kommission könnte aber nur noch bedingt ›Hüterin der Verträge‹ sein und leicht an das kurze Gängelband der EU-Regierungen geraten.«[27]

Am Ende der Konventsarbeit hat sich gezeigt, dass die hier beschriebene »Gefahr der Politisierung« – und dies wohl nicht ganz zufällig – schnell gebannt war. Die Entscheidung des Konvents gegen die freie Wahl des Kommissionspräsidenten durch das Europäische Parlament war damit zugleich eine Richtungsentscheidung. Und wenn man nach einer Bestimmung fragt, die für das Demokratiedefizit der Union schlechthin steht, dann ist es dieses vom Konvent vorgeschlagene Verfahren zur Wahl des Kommissionspräsidenten, das die Auswahlentscheidung beim Europäischen Rat belässt.

Noch Anfang des Jahres 2003 hatte Bundesaußenminister Fischer vollmundig erklärt: »Mit der Wahl des Kommissionspräsidenten durch das Europäische Parlament gewinnen beide Organe: das Parlament an politischem Einfluss, die Kommission an Legitimität. Am meisten aber gewinnt der Unionsbürger, der erstmals mit seiner Stimme bei der Europawahl Einfluss nehmen kann. Dies wird die Sicht der Bürger auf die Europäische Union positiv beeinflussen und den politischen Willensbildungsprozess in Europa von Grund auf neu gestalten.«[28] An diese großen Worte möchte der deutsche Außenminister bei den nächsten Wahlen zum Europäischen Parlament im Juni 2004 mit Sicherheit nicht mehr gern erinnert werden.

2. Von Kompetenzkatalogen, Prinzipien der Subsidiarität und Flexibilitätsklauseln

Auf der Suche nach Wegen für eine Demokratisierung der Europäischen Union und zur Überwindung ihres eklatanten Legitimationsdefizits wird von Kritikern des europäischen Integrationsprozesses immer wieder die Stärkung der nationalen und regionalen Politikebenen gefordert. Stichworte sind dabei: Schaffung eines verbindlichen Kompetenzkatalogs zur Abgrenzung der Unionsaufgaben von denen, die nationalen und regionalen Parlamenten vorbehalten bleiben sollen, strikte Anwendung des Subsidiaritätsprinzips und Streichung der Flexibilitätsklausel, die ein Tätigwerden der Union auch außerhalb ihrer eigentlichen Zuständigkeiten erlauben. Edelbert Richter fordert etwa für eine Reform der Union: »Die republikanischen Ansatzpunkte weisen in die Richtung einer dezentralen Entzerrung von supranationaler Handlungskompetenz und angesichts der Vielschichtigkeit des integrationspolitischen Handlungssystems in Richtung einer auf Vertragsniveau zurückgestuften Bindungstiefe statt in die Richtung einer exekutiven Selbstschöpfung von Eigenstaatlichkeit«.[29] Was für ihn bedeutet: »Ein ernstzunehmendes Gegengewicht gegen den damit aufscheinenden Staatscharakter der Europäischen Union bildet lediglich die gestärkte Rolle der nationalen Parlamente.«[30]

Doch eigentlich dürfte es diese »exekutive Selbstschöpfung von Eigenstaatlichkeit« der EU gar nicht geben. Das in Art. 5 EGV enthaltene Prinzip der begrenzten Kompetenzzuweisung, das mit dem Vertrag von Maastricht ausdrücklich in den EG-Vertrag aufgenommen wurde, ist klar und eindeutig. Danach wird »die Gemeinschaft innerhalb der Grenzen der ihr in diesem Vertrag zugewiesenen Befugnisse und gesetzten Ziele tätig«. Und Art. 5 Abs. 2 EGV bestimmt, dass die »Gemeinschaft nach dem Subsidiaritätsprinzip nur tätig (wird), sofern und soweit die Ziele der in Betracht gezogenen Maßnahmen auf Ebene der Mitgliedstaaten nicht ausreichend und daher wegen ihres Umfangs oder ihrer Wirkungen besser auf Gemeinschaftsebene erreicht werden können.«[31] Wie der in dieser Bestimmung beschriebene Grundsatz der Subsidiarität angewandt werden soll, darüber gibt das »Protokoll über die Anwendung der Grundsätze der Subsidiarität und der Verhältnismäßigkeit« Auskunft, das zusammen mit dem Vertrag von Amsterdam 1997 verabschiedet wurde.[32] Mit der Formulierung des Art. 5 Abs. 2 EGV ist daher eigentlich ausreichend klargestellt, dass sich die Union keine Zuständigkeit selbst schaffen kann, sie besitzt demnach keine sogenannte Kompetenz-Kompetenz. Durchaus zu Recht kann man den sich daraus logisch ergebenden Ort der Prüfung der Subsidiarität nur auf der nationalen Ebene sehen. »Die Prüfung der Subsidiarität hat auf nationaler Ebene stattzufinden; sie ist einer eventuellen Kompetenzübertragung denknotwendig vorgelagert. Als nachgeordnete Kompetenzschranke muss sie ihren Sinn verlieren.«[33] Das Protokoll über die Anwendung der Subsidiarität sieht hingegen als Ort der Prüfung die Ebene der die Rechtsnormen erlassenden europäischen Institutionen vor. Der Kommission wird darin aufgetragen, »vor der Unterbreitung von Vorschlägen für Rechtsvorschriften (...) umfassende Anhörungen durchzuführen und in jedem geeigneten Fall Konsultationsunterlagen zu veröffentlichen«. Sie soll »die Sachdienlichkeit ihrer Vorschläge unter dem Aspekt des Subsidiaritätsprinzips begründen«. Auferlegt wird ihr außerdem, »jährlich einen Bericht über die Anwendung des Art. 5 des EG-Vertrages vorzulegen«.[34]

An dieser lediglich der Kommission auferlegten Pflicht zur Selbstprüfung liegt es, dass sich an der Praxis der schrittweisen Aushöhlung wichtiger Regelungsbereiche zulasten der Mitgliedsländer und ihrer Regionen auch nach Amsterdam nichts geändert hat. Die Forderungen nach einer Stärkung der Subsidiaritätskontrolle, nach einem Kompetenzkatalog und einer damit verbundenen Aufwertung der nationalen und regionalen Entscheidungsebenen verstummten deshalb auch nach 1997 nicht. In einer »Beschlussfassung zur Kompetenzabgrenzung« vom Oktober 2001 hatten die Europaminister der deutschen Bundesländer die von ihnen angestrebte Rolle der Länder und Regionen im europäischen Einigungsprozess wie folgt beschrieben: »Für die Länder ist neben der Gewährleistung des Wettbewerbs von Modellen politischer und gesellschaftlicher Ordnungen und der Erhaltung der Vielfalt und des Zusammenhalts Europas die Sicherung und Erweiterung ihrer Handlungsspielräume von entscheidender Bedeutung.« Neben dieser, eindeutig von der Sorge über Behinderungen im Standortwettbewerb der Regionen bestimmten Argumentation, findet sich in der Kritik der Bundesländer aber auch die Befürchtung, dass die öffentliche Daseinsvorsorge, also die Erbringung von Leistungen wirtschafts-, gesellschafts-, sozial- oder kulturpolitischer Art mit Hilfe von staatlichen Mitteln und in öffentlich-rechtlicher Weise, weiter ausgehöhlt wird. Die Bundesländer sind deshalb der Ansicht, dass es »Sache der Mitgliedstaaten (ist), die Leistungen der Daseinsvorsorge festzulegen«.[35]

Die Forderung nach einem Kompetenzkatalog

Diese Kritik hatten die deutschen Bundesländer bereits bei ihrer Positionsbestimmung zum Ergebnis der Europäischen Ratstagung in Nizza im Dezember 2000 formuliert. Neben dem Erhalt der Daseinsvorsorge als Kompetenz der öffentlichen Hand forderten sie, »in Anwendung des Subsidiaritätsprinzips eine präzise Kompetenzabgrenzung zwischen der EU und den Mitgliedstaaten zu erreichen«.[36] Auch wurde die Überprüfung geltenden EU-Rechts darauf hin verlangt, inwieweit einzelne, zur Zeit europäisch geregelte Politikbereiche auf die Ebene der Mitgliedstaaten bzw. Regionen zurückverlagert werden können. Der Initiative der Bundesländer war es im wesentlichen zu verdanken, dass in der Erklärung von Nizza »Zur Zukunft der Union«[37] folgende Aufträge festgeschrieben wurden:

- »(die Prüfung der Frage,) wie eine genauere, dem Subsidiaritätsprinzip entsprechende Abgrenzung der Zuständigkeiten zwischen der Europäischen Union und den Mitgliedstaaten hergestellt und danach aufrechterhalten werden kann;
- (die Klärung des) Status der in Nizza verkündeten Charta der Grundrechte der Europäischen Union gemäß den Schlussfolgerungen des Europäischen Rats in Köln;
- eine Vereinfachung der Verträge, mit dem Ziel, diese klarer und verständlicher zu machen, ohne sie inhaltlich zu ändern;
- (die Klärung der) Rolle der nationalen Parlamente in der Architektur Europas«.

Nur aufgrund dieser Erklärung sahen sich die Bundesländer überhaupt in der Lage, dem Vertrag von Nizza zuzustimmen. Und auch vor dem Gipfel von Laeken hatten sie ihre Vorstellungen noch einmal präzisiert. Im Zusammenhang mit der Überarbeitung der Kompetenznormen der EU forderten sie, »dass das Prinzip der begrenzten Einzelermächtigung gestärkt und nicht durch allgemeine oder weit gefasste Vertragsbestimmungen ausgehöhlt wird«.[38] Insbesondere die allgemeinen Zuständigkeiten der EU in den Fragen der Kultur und des Gesundheitswesens sollten eindeutig geregelt werden. Im Hinblick auf diese Artikel hielten die Europaminister ausdrücklich fest, dass »klargestellt werden sollte, dass diese Querschnittsklauseln nur die Ausübung bestehender Kompetenzen lenken, aber weder eine eigenständige noch ergänzende Handlungsermächtigungen begründen sollen«.[39]

Von den Bundesländern kritisiert wurden darüber hinaus die sehr allgemeinen Zielbestimmungen für die Tätigkeiten der Gemeinschaft, wie sie etwa in den Artikeln 2 und 3 EGV enthalten sind. In Art. 3 l EGV wird etwa als eine Tätigkeit der Gemeinschaft »eine Politik auf dem Gebiet der Umwelt« genannt. Die diese allgemeine Aussage konkretisierende Eingriffsnorm, Artikel 174 EGV, ist aber selbst sehr abstrakt. In ihr heißt es: »Die Umweltpolitik der Gemeinschaft trägt zur Verfolgung der nachstehenden Ziele bei: Erhaltung und Schutz der Umwelt, Schutz der menschlichen Gesundheit, umsichtige und rationelle Verwendung der natürlichen Ressourcen und Förderung von Maßnahmen auf internationaler Ebene zur Bewältigung regionaler und globaler Umweltprobleme.« Dies sind mit Sicherheit alles hehre Ziele, doch woraus besteht nun die spezifische europäische Umweltpolitik? Wo endet sie, und wo beginnt der Bereich, der nur auf nationalstaatlicher bzw. regionaler Ebene zu regeln ist? Die Norm jedenfalls gibt darüber keine hinreichende Auskunft.

Und diese Unklarheit im Umweltbereich ist keineswegs ein Einzelfall. Ein Großteil der Normen im europäischen Vertragswerk sind in ihrem Regelungsumfang ausgesprochen weit und ungenau, oft werden in ihnen nur die anzustrebenden Ziele genannt. Dies gilt etwa für die Sozialpolitik (Art. 137 EGV), die Bildungspolitik (Art. 149 und 150 EGV), die Kulturpolitik (Art. 151 EGV), für das Gesundheitswesen (Art. 152 EGV), für den Verbraucherschutz (Art. 153 EGV), für die Industriepolitik (Art. 157 EGV) und für Transeuropäische Netze (Art. 154 EGV). Diese Artikel sollen zwar nur so verstanden werden, dass sie die Tätigkeit der Mitgliedstaaten ergänzen bzw. unterstützen. Sie sind daher meist mit der ausdrücklichen Einschränkung versehen, dass »jegliche Harmonisierung der Rechts- und Verwaltungsvorschriften ausgeschlossen ist«.[40] Doch mit ihrer finalen, d.h. an anzustrebenden Zielen orientierten bzw. funktionalen Ausrichtung wird der EU hier die Möglichkeit eingeräumt, ihre Zuständigkeit Schritt für Schritt auf Kosten der Mitgliedstaaten zu erweitern. Dies geschieht dann oft mittels der im

Kontext mit der europäischen Beschäftigungspolitik entwickelten Methode der offenen Koordinierung. »Bei einer Überprüfung der Rechtsakte, die in den Bereichen erlassen wurden, die allgemein den unterstützenden Maßnahmen zugeordnet werden, zeigt sich, dass es sich überwiegend um Entschließungen, Empfehlungen, Aktionsprogramme und andere nicht zwingende Rechtsakte handelt.«[41] So hat die Kommission in ihrem »Weißbuch Jugend« vom November 2001 ausdrücklich die Anwendung der Methode der offenen Koordinierung als hier passendes Instrument empfohlen. Und nach ihrer Auffassung soll diese Methode auch im Tourismus und in der allgemeinen und beruflichen Bildung Anwendung finden.[42] Kurz vor Abschluss der Arbeit des Konvents sind, auf Initiative des stellvertretenden Konventsvorsitzenden Giuliano Amato, in den Artikel III-174 (Gesundheitswesen) und III-175 (Industrie) gleichlautende Formulierungen aufgenommen worden, nach denen die Methode der offenen Koordinierung nun auch in diesen Bereichen Anwendung finden kann. Die Methode wird dort wie folgt beschrieben: Die Kommission kann »insbesondere Initiativen (ergreifen), die darauf abzielen, Leitlinien und Indikatoren festzulegen, den Austausch bewährter Verfahren durchzuführen und die erforderlichen Elemente für eine regelmäßige Überwachung und Bewertung auszuarbeiten. Das Europäische Parlament wird in vollem Umfang unterrichtet.« Mit diesen Vorschlägen entsprach der Konvent den Forderungen der Kommission, der EU auch in den nicht vergemeinschafteten Bereichen mehr Einfluss zu sichern.

Die Frage des Kompetenzkatalogs im Konvent

Der Europäische Konvent hat sich mit den von ihm vorgeschlagenen Artikeln I-9 bis I-16 über die Zuständigkeiten auf die Forderungen nach einem Kompetenzkatalog eingelassen. Zum ersten mal wird nun nach »Ausschließlicher Zuständigkeit« (I-12), »Bereichen mit geteilter Zuständigkeit« (I-13) und nach »Unterstützungs-, Koordinierungs- und Ergänzungsmaßnahmen« (I-16) unterschieden. Der gegenwärtig geltende Art. 3 EGV wurde dafür aufgeteilt und die unterschiedlichen Kompetenzen übersichtlicher geordnet. Der Forderung nach einem Kompetenzkatalog wurde damit wenigstens formal Genüge getan.[43]

Doch es bleibt zweifelhaft, ob damit tatsächlich viel gewonnen wird. »Die Einzelheiten des Umfangs und der Ausübung (die Art der zulässigen Rechtsakte) müssen bei den geteilten Zuständigkeiten wie bisher schon im EG-Vertrag den Spezialregelungen zu den einzelnen Fachpolitiken, zukünftig Teil III der Verfassung, entnommen werden.«[44] Und hier im Teil III findet man dann auch die gegenüber dem geltenden Vertrag nahezu unveränderten Artikel wieder, etwa zum Gesundheitswesen (III-179), zur Industrie (III-180) und Kultur (III-181), zur allgemeinen und berufliche Bildung und zur Jugend (III-182). Unverändert geblieben sind auch ihre finalen, d.h. an anzustrebenden Zielen ausgerichteten bzw. funktionalen Eingriffsnormen. Der Vertragsentwurf erweitert sogar noch den Bereich, in dem die EU zukünftig mit Unterstützungs-, Koordinierungs- und Ergänzungsmaßnahmen tätig werden kann. Hinzu kommen sollen Sport (III-182), der Katastrophenschutz (III-184) und die Verwaltungszusammenarbeit (III-185).

Es wurde in der Konventsarbeit bewusst darauf verzichtet, jeden einzelnen Politikbereich aufzurufen und ihn daraufhin zu überprüfen, ob ein Tätigwerden der Union hier in Zukunft überhaupt noch geboten ist, oder ob vielmehr ein ausschließlicher Regelungsbereich der Mitgliedstaaten vorliegt. Das dem Konvent auferlegte Ziel, für Klarheit, Transparenz und Bürgernähe durch die Neuordnung der Verträge zu sorgen, stand dabei im Widerspruch zu dem ihm gleichzeitig abverlangten Verzicht, die rechtliche Zuständigkeit der Union in den betreffenden Bereichen zu ändern. So beschloss die Konventsarbeitsgruppe V »Ergänzende Zuständigkeiten«, »sich bei den unterstützenden Maßnahmen auf die abstrakten Aspekte zu beschränken und auf Entscheidungen über konkrete inhaltliche Änderungen des geltenden Vertrags in diesem Zusammenhang zu verzichten«.[45]

Der Hintergrund für diese Zurückhaltung dürfte politischer Natur gewesen sein. In der wissenschaftlichen Literatur werden die sich mit der Formulierung eines detaillierten Kompetenzkatalogs stellenden Probleme offen angesprochen. »Ein Gewinn an Transparenz und Verständlichkeit durch einen Kompetenzkatalog ist nicht von der Hand zu weisen. Die praktisch-politischen Schwierigkeiten der Umsetzung erscheinen aber so enorm, dass zu solchem Vorgehen nicht wirklich geraten werden kann. Hier darf nicht vergessen werden, dass Defizite des Gemeinschaftsvertrages in punkto Klarheit und Systematik nicht Ergebnis willkürlicher Ungenauigkeit sind, sondern der Schwierigkeit einer Kompromissbildung zwischen den Mitgliedstaaten geschuldet werden.«[46] Mit anderen Worten: Hätte man diese Vertragsbestimmungen einer Generalrevision unterzogen, so wären die nicht selten faulen Kompromisse und unlauteren Händel aus den Verhandlungsnächten von Maastricht, Amsterdam und Nizza erneut aufgerufen worden. Eine Vorstellung, vor der der Konvent zurückschreckte.

Zum politischen Hintergrund gehört aber ebenso die Befürchtung, dass mit einem Kompetenzkatalog der Union ein zu starrer Rahmen vorgegeben werden könnte, denn darin wird ein Widerspruch »zu dem Erfordernis (gesehen), die Kompetenzstruktur der EU an künftige Entwicklungen anpassen zu können«.[47] Die gegenwärtige, zielorientierte Ausrichtung der ergänzenden bzw. unterstützenden Normen ermögliche hingegen eine hohe Flexibilität und belasse dem Integrationsprozess seinen dynamischen Charakter, »der von einem vertraglich festgelegten Kompetenzrahmen ausgeht, der durch das Sekundarrecht zu entwickeln and auszugestalten ist«.[48] In einem Vermerk des Sekretariats des Konvents wird diese Sicht ausdrücklich geteilt: »Die in den ursprünglichen Verträgen vorgesehene ›funktionelle‹ Methode der Zuweisung von Zuständigkeiten, die auf der Existenz von Vorschriften basiert, die der Gemeinschaft zur Erfüllung ihrer Ziele ›funktionelle‹ Zuständigkeiten einräumen, ist zwar nicht so präzise wie die Methode der Kompetenzverteilung nach Sachgebieten, ermöglicht aber eine gewisse Anpassung der Zuständigkeiten der Union an neue, bei der Verwirklichung der Vertragsziele auftretende Herausforderungen, ohne dass auf das schwerfällige Verfahren der Vertragsrevision zurückgegriffen werden muss.«[49] Auf einem ganz anderen Blatt steht allerdings geschrieben, dass damit genau der Eindruck bestätigt wird, den viele Bürgerinnen und Bürger von der heutigen Europäischen Union haben, als eines Gebildes mit unscharfen Umrissen, nicht genau definierbaren Eingriffsmöglichkeiten und kaum erkennbaren politischen Verantwortlichkeiten.

Die Grundsätze der Verhältnismäßigkeit und der Subsidiarität

Die Ablehnung eines verbindlichen Kompetenzkatalogs durch den Konvent wurde auch damit begründet, dass man stattdessen die Rolle der nationalen Parlamente bei der Subsidiaritätskontrolle stärken wollte. Die Arbeitsgruppe I »Subsidiarität« des Konvents wurde sich daher schnell darüber einig, »dass die politische Ex-Ante-Überwachung des Subsidiaritätsprinzips in erster Linie unter Einschaltung der einzelstaatlichen Parlamente erfolgen sollte«.[50] Die Arbeitsgruppe IV »Rolle der einzelstaatlichen Parlamente« nahm diesen Gedanken auf: »Die Gruppe war sich darin einig, dass die Gewährleistung der Einhaltung des Subsidiaritäts- und des Verhältnismäßigkeitsprinzips eine gemeinsame Aufgabe ist und dass die Kommission, das Europäische Parlament, der Rat und die einzelstaatlichen Parlamente alle dafür Sorge tragen müssen, dass bei der Vorlage und der Prüfung der Entwürfe von Rechtsakten das Subsidiaritätsprinzip gewahrt wird. Sie war sich außerdem darüber einig, dass den einzelstaatlichen Parlamenten eine wesentliche Rolle zukommen muss, indem sie zur Arbeit der EU-Gesetzgeber bei der praktischen Anwendung des Subsidiaritätsprinzips beitragen.«[51] Damit war auch für das Plenum des Konvents die Richtung vorgegeben. Die Kontrolle der Anwendung der Grundsätze der Subsidiarität und der Verhältnismäßigkeit soll in Zukunft den nationalen Parlamenten zukommen. Und sie soll ex-ante, d.h. vor Erlass des Rechtsakts, erfolgen.

Der »Kongress der Völker Europas«

Mit diesem Vorschlag war zugleich eine Absage an eine Reihe weiterer Überlegungen verbunden. Verworfen wurde etwa die Idee, eine besondere Kammer aus Vertretern der Mitgliedsländer mit der Überwachung der Einhaltung des Subsidiaritätsprinzips zu betrauen.[52] Abgelehnt wurde ebenso der Vorschlag, ein gemeinsames Gremium, zusammengesetzt zu gleichen Teilen aus Mitgliedern des Europäischen Parlaments und Vertretern der nationalen Parlamenten, zu bilden, das halbjährlich oder jährlich zusammenkommt, um über das europäische Gesetzgebungsprogramm zu beraten. Dieser Kongress war eine Lieblingsidee des Konventspräsidenten Giscard d' Estaing gewesen. Es fand sich bereits im ersten Vorentwurf des Verfassungsvertrages als Artikel 19[53] und geisterte noch lange durch die Vorschläge des Präsidiums, obschon sich, abgesehen von einigen französischen und britischen Konventsmitgliedern, kaum jemand so recht dafür begeistern konnte.

Von Kritikern wurde der »Kongress der Völker Europas« sogleich als »Chinesischer Volkskongress« verspottet, wohl nicht zuletzt auch deshalb, weil mit seiner Etablierung das Europäische Parlament an Bedeutung verlieren würde. Übersehen wurde dabei allerdings, dass sowohl in der britischen als auch in der französischen Parlamentstradition solche gemeinsamen Kammern schon lange existieren. In Großbritannien gibt es etwa die britische Thronrede (Queen's Speach), in der regelmäßig die Absichten der Regierung verlesen werden. In Frankreich werden Verfassungsänderungen in einer Zusammenkunft der beiden Parlamentskammern, dem Congrès, beschlossen. Entsprechend diesem Vorbild hatte der ehemalige französische Premierminister Lionel Jospin bereits einen Congrès européen vorgeschlagen, der aus Mitgliedern des Europäischen Parlaments als auch nationaler Parlamente gebildet werden sollte und sich nicht mit Tagespolitik, sondern mit allgemeinen politischen Weichenstellungen befassen sollte. Auch Tony Blair sprach sich für die Schaffung einer solchen zweiten Kammer aus.[54] Und selbst der deutsche Außenminister hatte mal zu jenen gehört, die ein solches Zwei-Kammer-System befürworteten. Noch in seiner Humboldt-Rede war er der Ansicht, dass die Abgeordneten der ersten Kammer zunächst »Mitglieder der Nationalparlamente« sein sollten, denn nur so sei gewährleistet, dass das EP die »unterschiedlichen nationalen Öffentlichkeiten tatsächlich zusammenführt«.[55] In seiner Eigenschaft als Mitglied des Konvents wollte Fischer von diesen Ideen allerdings nichts mehr wissen. So wurde am Ende der Vorschlag, einen aus europäischen und nationalen Parlamentariern paritätisch zusammengesetzten »Europäischen Kongress der Völker« zu schaffen, vom Konvent fallengelassen.

Das Subsidiaritätsprotokoll

Über das Verfahren, wie die nationalen und regionalen Parlamente die Kontrolle der Anwendung der Grundsätze der Subsidiarität und der Verhältnismäßigkeit in der Praxis ausüben sollen, darüber gibt in Ausführung von Art. I-9 das neugefasste Protokoll über die »Anwendung der Grundsätze der Subsidiarität und der Verhältnismäßigkeit« Auskunft. Danach übermittelt die Kommission alle Vorschläge für Gesetzgebungsakte gleichzeitig den nationalen Parlamenten und dem Unionsgesetzgeber. Die entscheidende Neuerung ist in Punkt 5 des Protokolls enthalten. Danach kann »jedes nationale Parlament eines Mitgliedstaats oder jede Kammer eines nationalen Parlaments binnen sechs Wochen nach dem Zeitpunkt der Übermittlung eines Gesetzgebungsvorschlags der Kommission in einer begründeten Stellungnahme (...) darlegen, weshalb der Vorschlag seines bzw. ihres Erachtens nicht mit dem Subsidiaritätsprinzip vereinbar ist«. Die sich für die Kommission daraus ergebende Konsequenz ist in Punkt 6 beschrieben: »Die nationalen Parlamente der Mitgliedstaaten mit einem Einkammersystem haben zwei Stimmen, während jede der beiden Kammern in einem Zweikammersystem eine Stimme hat. Wird von nationalen Parlamenten und Kammern nationaler Parlamente, die mindestens ein Drittel der Gesamtzahl der Stimmen repräsentieren, eine begründete Stellungnahme dahin gehend abgegeben, dass ein Kommissionsvorschlag nicht mit dem Subsidiaritätsvorschlag in Übereinstimmung steht, so überprüft sie ihren Vorschlag. (...) Nach Abschluss der Prüfung kann die Kommission beschließen, an ihrem Vorschlag festzuhalten, ihn zu ändern oder ihn zurückzuziehen. Die Kommission begründet ihren Beschluss.«

Geht man einmal davon aus, dass Staaten mit einem Zweikammersystem, wie etwa Deutschland, ihre beiden Stimmen gleichgerichtet abgeben, so müssten demnach bei einer künftigen Union der 25 nicht weniger als neun nationale Parlamente zugleich Einspruch einlegen. Sie müssten dies zudem in der extrem knappen Frist von sechs Wochen tun. Dürfte dies schon einem Einkammersystem schwer fallen, so ist es etwa für den deutschen Bundesrat kaum noch zu schaffen, denn dies würde bedeuten, dass sich innerhalb der sechs Wochen auch noch die Bundesländer zu dem Vorschlag der Kommission begründet positionieren müssten. Da es sich um ein Einspruchsrecht der Parlamente handelt, müssten sogar die Landesparlamente zuvor Stellung beziehen. Es ist schwer vorstellbar, wie dies allein technisch realisiert werden kann, zumal in der Praxis etwa wöchentlich Vorschläge der Kommission eingehen würden, wobei jeder mit einem eigenen Ablauftermin für die Einspruchsfrist versehen wäre. Ganz auf der Strecke bliebe die Beteiligung der Öffentlichkeit der Mitgliedstaaten an diesen Entscheidungen. Begründete Stellungnahmen und Einsprüche der sogenannten Zivilgesellschaft, die für die Meinungsbildung der politischen Parteien wichtig sind, könnten in diesen wenigen Wochen nicht formuliert werden. Es klingt daher wie ein Hohn, wenn das Protokoll über die »Anwendung der Grundsätze der Subsidiarität und der Verhältnismäßigkeit« mit dem Satz beginnt: »In dem Wunsch sicherzustellen, dass Entscheidungen in der Union so bürgernah wie möglich getroffen werden...«

Da die Kommission nach Abschluss ihrer Prüfung beschließen kann, »an ihrem Vorschlag festzuhalten, ihn zu ändern oder ihn zurückzuziehen«, wird den Parlamenten zudem nur ein stumpfes Mittel in die Hand gegeben. Denn sollten tatsächlich einmal mindestens neun Parlamente fristgemäß Einspruch eingelegt haben und hielte die Kommission dennoch unverändert an ihrem Vorschlag fest, so bliebe den Parlamenten nur der Weg der Klage. An ihrem einmal vorgelegten Vorschlag könnte die Kommission um so leichter festhalten, sollten sich die Einspruchsbegründungen der Parlamente nicht decken oder gar widersprechen. Und dies dürfte nicht selten der Fall sein, beraten doch die nationalen bzw. regionalen Parlamente räumlich, aber auch kulturell und sprachlich vollkommen getrennt voneinander. So werden möglicherweise im litauischen Parlament völlig andere Gründe für einen Einspruch geltend gemacht als etwa im portugiesischen. Die Wahrscheinlichkeit, dass die Parlamente in ihren Beratungen von den Beweggründen der anderen etwas erfahren, dürfte gering sein.[56]

Bleibt der Einspruch eines Parlaments erfolglos, so kann es zumindest Klage vor dem Europäischen Gerichtshof einlegen. Im Protokoll heißt es: »Der Gerichtshof ist für Klagen wegen Verstoßes eines Gesetzgebungsaktes gegen das Subsidiaritätsprinzip zuständig, die (...) von einem Mitgliedstaat erhoben oder gemäß der jeweiligen innerstaatlichen Rechtsordnung von einem Mitgliedstaat im Namen seines nationalen Parlaments oder einer Kammer dieses Parlaments übermittelt werden.«[57]

Diese Klagemöglichkeit soll auch dem Ausschuss der Regionen (AdR) zustehen. Damit wird einer seit langem vom AdR selbst, aber auch vehement von den deutschen Bundesländern vorgebrachten Forderung nach einem Klagerecht dieses Gremiums wenigstens zum Teil entsprochen. Ihm soll in Zukunft wohl nicht das generelle Klagerecht zustehen, aber eines bei den Gesetzgebungsakten, »für deren Annahme die Anhörung des AdR nach der Verfassung vorgeschrieben ist«.

Der Ausschuss der Regionen ist, neben dem Wirtschafts- und Sozialausschuss, ein sogenanntes »Nebenorgan« im Institutionengefüge der Union und beteiligt sich als beratendes Gremium an der Beschlussfassung der Gemeinschaft. Er verfügt über einen eigenen institutionellen Unterbau. Dem Ausschuss gehören 189 Vertreter regionaler und lokaler Gebietskörperschaften an, die vom Rat auf Vorschlag der Mitgliedstaaten durch einstimmigen Beschluss auf vier Jahre ernannt werden. Auf die Bundesrepublik Deutschland und die anderen großen Staaten Frankreich, Großbritannien, und Italien entfallen jeweils 24 Mitglieder. Etabliert wurde der AdR mit dem Maastrichter Vertrag zu Beginn der neunziger Jahre. Mit dem Amsterdamer Vertrag von 1997 sind seine Rechte geringfügig erweitert worden. Der AdR kann sich seitdem auch zu Fragen äußern, in denen er es für zweckmäßig erachtet, insbesondere wenn es um die grenzüberschreitende Zusammenarbeit geht. Auch ist er vom Europäischen Parlament anzuhören, wenn spezifische regionale Interessen berührt sind. Nach dem EG-Vertrag kann er Stellungnahmen zu folgenden Themen abgeben: Zur gemeinsamen Verkehrspolitik, zur Beschäftigungs- und Sozialpolitik, zur allgemeinen und beruflichen Bildung, zum öffentlichen Gesundheitswesen, zu den transeuropäische Netzen, zum wirtschaftlichen und sozialen Zusammenhalt sowie zur Umwelt. Dabei handelt es sich um Bereiche, in denen die EU unterstützende bzw. koordinierende Aufgaben wahrnimmt.

Die Bedeutung des AdR wurde von Beginn an durch den Umstand beschränkt, dass nur wenige Mitgliedsländer über eine mit der Bundesrepublik Deutschland vergleichbare föderale Struktur verfügen. Lediglich in Österreich, Belgien, Spanien[58] und mit Einschränkungen seit kurzem auch in Großbritannien verfügen Regionen über nennenswerte eigene legislative Befugnisse.[59] Die meisten anderen Mitgliedsländer sind daher am Ausschuss der Regionen nur wenig interessiert.

Das in Zukunft den Mitgliedstaaten und in eingeschränkter Weise auch dem AdR zustehende Klagerecht vor dem Europäischen Gerichtshof wirft die Frage auf, ob das Gericht überhaupt befugt sein soll, über Verletzungen der Rechte von Mitgliedstaaten bzw. von Regionen zu entscheiden. Dies wird durchaus aus guten Gründen in Zweifel gezogen. »Die Frage (der Verletzung der Grundsätze der Subsidiarität und der Verhältnismäßigkeit) kann der Europäische Gerichtshof in Luxemburg naheliegend nicht beantworten. Er ist Gemeinschaftsorgan und hat die Verträge autonom aus sich heraus und auf gemeinschaftsrechtlicher Ebene zu betrachten. Ob die Subsidiaritätsklausel des Art. 5 Abs. 2 EGV hingegen greift, setzt eine Betrachtung der Gegebenheiten in den einzelnen Mitgliedstaaten voraus. Das gerade ist aber dem Europäischen Gerichtshof verwehrt. Eine überzeugende Lösung ist bei Beibehaltung des Art. 5 Abs. 2 EGV allein und ausschließlich die Errichtung des Kompetenzkonfliktgerichts auf Gemeinschaftsebene.«[60] Die Forderung nach einem solchen Kompetenzkonfliktgericht hatte auch das Europäische Parlament in seinem Lamassoure-Bericht angeregt. Darin wurde vorgeschlagen, »beim Gerichtshof eine Kammer für Verfassungs- und Grundrechtsfragen einzurichten.«[61] Der Konvent hat diesen Vorschlag in seinen Beratungen aber nicht weiter verfolgt.

Die Flexibilitätsklausel

Eine besondere Stellung im Rechtsetzungsverfahren der Union nimmt die sogenannte Flexibilitätsklausel des Art. 308 EGV ein. Mit ihrer Hilfe ist es der EU gegenwärtig möglich, »im Rahmen des Gemeinsamen Marktes eines ihrer Ziele zu verwirklichen«, wenn in dem Vertrag

»die hierfür erforderlichen Befugnisse nicht vorgesehen sind«. Da damit eine Eingriffsnorm existiert, die immer wieder dazu führt, dass die Union in Bereichen tätig wird, in denen sie nicht zuständig ist, wurde vor allem von skandinavischen und britischen Vertretern im Konvent gefordert, diesen Artikel ersatzlos zu streichen. Auch die deutschen Bundesländer plädierten im Vorfeld des Konvents für die Aufhebung des Art. 308 EGV.[62]

Ein Beispiel für ein solches Tätigwerden der EU außerhalb des Vertrages ist etwa der Katastrophenschutz. Hier wurden, gestützt auf Art. 308 EGV, über die Jahre eine ganze Reihe von Richtlinien erlassen, ohne dass die Union hier überhaupt eine eigene Zuständigkeit besitzt.[63] Auf Grundlage dieses Artikels wurde aber auch eine Verordnung des Rates »über spezifische, gegen bestimmte Personen und Organisationen gerichtete restriktive Maßnahmen zur Bekämpfung des Terrorismus« erlassen.[64] Da es hier um das Einfrieren von Bankguthaben des Terrorismus Verdächtiger ging, hatte man in der Kommission spitzfindig darauf geschlossen, dass hier Angelegenheiten der Banken und damit Fragen des Gemeinsamen Marktes berührt seien und daher Art. 308 EGV als Rechtsgrundlage herangezogen werden könne.

Tatsächlich ist Art. 308 EGV eine der am meisten genutzten Rechtsgrundlagen der EU überhaupt. Die schwedische Regierungsvertreterin, Lena Hjelm-Wallén, hatte im Konvent eine Studie des Swedish Institute for European Policy Studies vorgelegt, nach der im Zeitraum von 1970 bis 2000 nicht weniger als 406 Legislativakte allein auf der Grundlage dieses Artikels angenommen wurden. Es handelte sich dabei um 339 Verordnungen und 67 Richtlinien.[65] Im Lamassoure-Bericht des Europäischen Parlaments wird sogar die Zahl »von annähernd 700 Rechtsakten« genannt, für die Art. 308 EGV als Rechtsgrundlage diente.[66] Wurden in den ersten Jahren vor allem Fragen der Agrarpolitik und der internationalen Handelspolitik mit seiner Hilfe geregelt, so diente er in den letzten Jahren in erster Linie als Rechtsgrundlage für Maßnahmen in außenpolitischen Angelegenheiten sowie bei institutionellen und finanziellen Fragen. Und obwohl in dem untersuchten Zeitraum durch mehrere Vertragsänderungen immer wieder spezifische Rechtsgrundlagen geschaffen wurden, die die Anwendung dieser allgemeinen Klausel jeweils überflüssig machten, ist der Art. 308 EGV keineswegs aus der Mode gekommen. In der schwedischen Studie wird festgestellt, dass er seit 1987 jährlich in etwa gleicher Intensität genutzt wird.

Dieser umstrittene Art. 308 EGV findet sich jetzt im Verfassungsvertrag als Art. I-17 wieder. Ist aber die geltende Bestimmung noch an die Verwirklichung von Zielen im »Rahmen des Binnenmarktes« gebunden, so soll die künftige Flexibilitätsklausel des Art. I-17 gleich für alle Bereiche des Teils III, d.h. für sämliche konkreten Politikinhalte, anwendbar sein. Der sinnvolle Vorschlag, eine automatische Verfallsklausel (Sunset-clause) für alle auf Grundlage dieses Artikels angenommenen Rechtsakte vorzusehen, so dass die Union zu Vertragsrevisionen gezwungen wäre, mit der spezifische Ermächtigungen in den Vertrag aufgenommen werden müssten, wurde verworfen. Neu ist allerdings, dass das Europäische Parlament beim Erlass eines Europäischen Gesetzes auf Grundlage der Flexibilitätsklausel zuvor seine Zustimmung geben muss.

Wenig realistische Vorschläge

Angesichts der vom Konvent unterbreiteten Vorschläge muss bezweifelt werden, ob er damit der ihm gestellten Aufgabe, Vorschläge zu entwickeln, wie eine »genauere, dem Subsidiaritätsprinzip entsprechende Abgrenzung der Zuständigkeiten zwischen der Europäischen Union und den Mitgliedstaaten hergestellt und danach aufrechterhalten werden kann«[67], am Ende gerecht geworden ist. Der Forderung nach Aufstellung eines Kompetenzkatalogs wurde nur formal Genüge getan. Auf die Flexibilitätsklausel zur Regelung vertraglich nicht vorgesehener Situationen wollte der Konvent auch für die Zukunft nicht verzichten. Ihr gab er den Vorrang gegenüber einer rechtsstaatlich gebotenen präzisen Formulierung der Eingriffsnormen.

Das vorgeschlagene Verfahren zur Kontrolle der Grundsätze der Subsidiarität und der Verhältnismäßigkeit durch die nationalen Parlamente führt nicht nur zu unüberwindbaren praktischen Schwierigkeiten, es wirft auch die Frage auf, ob in einer bald aus 25 Staaten bestehenden Union die nationalen bzw. regionalen Parlamente jeweils für sich allein überhaupt noch eine wirksame Kontrolle zur Wahrung ihrer Rechte ausüben können. Es spricht viel dafür, dass dies bei einer zukünftig so großen Zahl von Mitgliedstaaten wirksam nur noch an einem gemeinsamen Ort, im gegenseitigen Austausch der Argumente möglich ist. Der am Beginn der Konventsarbeit ins Gespräch gebrachte »Kongress der Völker Europas« hätte hier Ansatzpunkte zur weiteren Diskussion geboten. Diese Gedanken ernsthaft weiter zu verfolgen, dazu konnte sich der Konvent aber nicht durchringen. Stattdessen hat er Lösungen präsentiert, die sich in der Realität nicht bewähren werden.

3. Die zukünftige Stellung von Kommission, Rat und Ministerrat

Eine der wichtigsten Aufgaben des Konvents war es, Vorschläge für den institutionellen Aufbau der Europäischen Union vorzulegen, mit denen die sogenannten »Left-overs«, jene seit dem Vertrag von Amsterdam ungelöst gebliebenen Fragen, geregelt werden sollten. Bei ihnen geht es bekanntlich um die zukünftige Größe der Kommission, das Abstimmungsverfahren im Ministerrat und um die Ausweitung der Entscheidungen dort mit qualifizierten Mehrheiten. Die Grundlage für diese neue institutionelle Architektur bildete auch hier der »Deutsch-französische Beitrag zum institutionellen Aufbau der Union«[68], der, wie bereits erwähnt, im Januar 2003 vorgelegt wurde.

Eine verkleinerte Kommission

Im Anschluss an den Beitritt der zehn neuen Staaten wird bei der dann für November 2004 anstehenden Neuwahl der Kommission die Zahl ihrer Mitglieder auf 25 ansteigen, da nach dem Vertrag von Nizza »der Kommission ein Staatsangehöriger jedes Mitgliedslandes angehört.«[69] Nach verbreiteter Ansicht behindert eine solch große Zahl von Kommissaren die Arbeitsfähigkeit dieses Gremiums. Einige Staats- und Regierungschefs hatten deshalb in Nizza versucht, eine Regelung durchzusetzen, nach der die Kommission im Anschluss an die EU-Erweiterung wieder verkleinert werden kann. Dies stieß aber auf den entschiedenen Widerstand der mittleren und kleineren Mitgliedsländer und der in Nizza bereits mit am Tisch sitzenden Beitrittsstaaten. Sie sahen in dem national ausgewählten Kommissar eine unverzichtbare Möglichkeit ihrer Einflussnahme auf die Entscheidungsfindung der Kommission. So erreichten die auf deren Verkleinerung drängenden Länder, unter ihnen in erster Linie Frankreich und Deutschland, lediglich die Verabschiedung einer sogenannten »Rendezvous-Klausel«, was heißt, dass man sich allein darauf verständigen konnte, die Frage später erneut aufzugreifen. Die endgültige Größe der Kommission soll erst festgelegt werden, wenn die Union 27 Mitgliedstaaten umfasst, also nach dem Beitritt von Bulgarien und Rumänien im Jahre 2007. Mit dem Amtsantritt der ersten Kommission nach dem Beitritt des siebenundzwanzigsten Mitglieds soll gelten, dass die »Zahl der Mitglieder der Kommission unter die Zahl der Mitgliedstaaten« sinkt. »Die Mitglieder der Kommission werden (dann) auf der Grundlage einer gleichberechtigten Rotation ausgewählt, deren Einzelheiten vom Rat einstimmig festgelegt werden.«[70]

Da aber ungewiss ist, ob sich der Rat künftig wirklich auf eine substanzielle Reduzierung der Zahl der Kommissionsmitglieder und damit auf die Straffung ihrer Arbeit wird einigen können, war es das Ziel des Konvents, dieses Problem jetzt zu lösen. Nach Art. I-25 Abs. 3 wird die Zahl der Kommissare auf insgesamt 15 begrenzt: »Die Kommission besteht aus einem Kollegium, das sich aus ihrem Präsidenten, dem Außenminister der Union, der Vizepräsident ist, und aus dreizehn Europäischen Kommissaren, die nach einem System der gleichberechtigten Rotation zwischen den Mitgliedstaaten ausgewählt werden, zusammensetzt.« Um den Staaten, die noch in Nizza hartnäkkig an »ihrem Kommissar« festhielten, diese Reduzierung schmackhaft zu machen, wurde die Funktion des »Kommissars ohne Stimmrecht« geschaffen, der wenigstens für die gleichzeitige Präsenz aller Mitgliedstaaten am Kommissionstisch sorgen soll.

Kaum beachtet wurde bisher, dass nach dem Konventsentwurf die Stellung des Kommissionspräsidenten erheblich gestärkt wird. Ihm fällt zukünftig nach Art. I-26 Abs. 2 das Recht zu, die übrigen Kommissionsmitglieder zu benennen. Er wählt dazu aus einer Liste von drei Personen aus, die jeder Mitgliedstaat erstellt. Gegenwärtig ist es nach Art. 124 EGV noch der Europäische Rat, der im Einvernehmen mit dem Kommissionspräsidenten über die auf Grundlage der Vorschläge der Mitgliedstaaten zusammengestellte Liste der Kommissare mit qualifizierter Mehrheit beschließt. Dabei sind die Vorschläge der EU-Länder in der Regel allein ausschlaggebend. Nach den Vorstellungen des Konvents erhält der Kommissionspräsident künftig auch die Möglichkeit, einzelne Kommissionsmitglieder entlassen zu können. Schließlich bekommt er nach Art. I-26 Abs. 3 Leitlinienkompetenzen, »nach denen die Kommission ihre Arbeit ausführt«.

Mit diesen Vorschlägen folgte der Konvent ein weiteres Mal den Empfehlungen der »Strukturkommission: Europa '96«. In ihr hieß es: »Die Kommission sollte nach dem Ressort-Prinzip gebildet werden und nicht aufgrund nationaler Quoten. Dies lässt eine Effizienzsteigerung in ihrer Arbeitsweise erwarten. Ferner wird anstelle einer erweiterungsbedingten linearen Zunahme eine Reduzierung und vor allem eine aufgabenorientierte Anzahl der Kommissare möglich. Die Aufgabenverteilung innerhalb der Kommission nimmt der Kommissionspräsident als Teil seiner politischen Führungsaufgabe vor; ihm wird zudem eine Richtlinienkompetenz eingeräumt.«[71]

In einer verkleinerten Kommission, deren Mitglieder von ihrem Präsidenten ausgewählt werden, werden sich die Kommissare kaum noch als Vertreter ihres Entsendestaates verstehen. Mit einer deutlich gestärkten Rolle des Kommissionspräsidenten und schließlich mit dem neu geschaffenen Amt des Außenministers der Union, der zugleich Vizepräsident der Kommission ist, würde dieses Gremium schon sehr dem Bild einer klassischen Regierung ähneln. Vor diesem Hintergrund fällt um so schwerer ins Gewicht, dass der Kommissionspräsident auch zukünftig nicht frei vom Europäischen Parlament gewählt werden kann. Dem Parlament wird damit weiterhin das Recht vorenthalten, diese »Regierung« zu wählen.

Die Stärkung des Europäischen Rats

Der Europäische Rat, das Gremium der Staats- und Regierungschefs, das nach Art. I-20 »der Union die für ihre Entwicklung erforderlichen Impulse gibt und ihre allgemeinen politischen Zielvorstellungen und Prioritäten festlegt«, soll gestärkt, seine Arbeit gestrafft werden. Die Zahl seiner Treffen wird dazu von jährlich zwei auf vier erhöht. Um seine ungeschmälerte Arbeitsfähigkeit auch nach der Erweiterung zu gewährleisten, soll er zukünftig nur noch aus den Staats- und Regierungschefs, dem Präsidenten der Kommission und dem neu hinzukommenden Präsidenten des Europäischen Rates bestehen.

Die Schaffung des Amtes eines hauptamtlichen Ratspräsidenten war im Konvent lange Zeit umstritten gewesen. Dagegen sprachen sich die Staaten aus, die – wie Deutschland – eine schnellere Integration befürworten. Aber auch die kleineren und mittleren Länder waren dagegen. Von den »Integrationisten« wurde befürchtet, dass mit der Einrichtung eines solchen Amtes unweigerlich eine Konkurrenz zum Kommissionspräsidenten entsteht. Und die kleineren und mittleren Länder sahen in ihm das Symbol eines Direktoriums der großen Mitgliedstaaten. Auch lehnten sie die damit verbundene Abschaffung der halbjährlichen Rotation der Ratspräsidentschaft ab, da dies den Verlust von Möglichkeiten zur Beeinflussung der Arbeit des Rates bedeutet. Um angesichts dieser Widerstände überhaupt eine Mehrheit für den Vorschlag zu erhalten, wurden die Rechte des Ratspräsidenten schließlich arg beschnitten, so soll er etwa über keine eigene Bürokratie verfügen, sondern sich der des Generalsekretariats des Rates bedienen müssen.

Auch die Schaffung eines solchen Präsidentenamtes war bereits in der »Strukturkommission: Europa '96« als notwendig für »die Effektivierung politischer Führung im Ministerrat und Europäischen Rat« gefordert worden. Dazu heißt es: »Dieses Ziel ist mittelfristig durch die Einführung einer Wahlpräsidentschaft zu erreichen. Anstelle der bisher praktizierten Rotation wählen die Mitgliedstaaten aus ihrer Mitte ein Mitglied zum Präsidenten der Europäischen Union.«[72]

Der Ministerrat

Der im Verfassungsentwurf zur besseren Unterscheidungsmöglichkeit vom Europäischen Rat zukünftig »Ministerrat« genannte Rat der Fachminister der einzelnen Mitgliedsländer behält seine gesetzgeberischen und seine allgemein politischen Aufgaben, zu letzteren gehören sowohl ausführende wie aufsichtsführende Funktionen. Er ist damit weiterhin gleichzeitig Gesetzgeber und ausführendes Organ. Damit wird an der allen Prinzipien liberaler Gewaltenteilung hohnsprechenden Vermengung legislativer und exekutiver Funktionen festgehalten. Da nach dem Verfassungsentwurf weitere vom Ministerrat zu beaufsichtigende europäische Behörden geschaffen werden sollen, wie etwa das »Europäische Amt für Rüstung, Forschung und militärische Fähigkeiten«, wird sich diese Situation sogar noch verschärfen.

Nach Art. I-49Abs. 2 soll der Ministerrat zukünftig öffentlich tagen, »wenn er über Gesetzgebungsvorschläge berät oder beschließt«. Damit will man dem Vorwurf mangelnder Transparenz begegnen. Gelegentlich war dem Rat sogar polemisch vorgeworfen worden, mit der von ihm praktizierten Art der Gesetzgebung hinter verschlossenen Türen auf einer Stufe mit den Parlamenten Chinas, Nordkoreas oder Kubas zu stehen. Es steht aber zu befürchten, dass diese Regelung von den Mitgliedstaaten wieder gestrichen wird. Bereits bei der Regierungskonferenz im Herbst 2003 bestand Einigkeit unter ihnen, dieses Zugeständnis an die kritische Öffentlichkeit wieder einzukassieren.

Der Streit über die Abstimmungsregelung im Ministerrat und Europäischen Rat

Der Beitritt von nicht weniger als zehn Staaten, denen mit Bulgarien und Rumänien und womöglich der Türkei bald weitere folgen werden, wird die Union grundlegend verändern. Ein Berater des Konventmitglieds Erwin Teufel beschrieb diese Herausforderung wie folgt: »Mit Blick auf die bevorstehende Erweiterung der EU von 15 auf 25 und mehr Mitgliedstaaten war in den neunziger Jahren klar geworden, dass die große gesamteuropäische Union des 21. Jahrhunderts einer neuen verfassungsmäßigen Ordnung bedarf, um handlungsfähig zu bleiben.«[73] Und unter Handlungsfähigkeit wird dabei immer auch die Wahrung des eigenen deutschen Interesses verstanden.

Der Europäische Rat legte im Dezember 2000 in Nizza die Regeln für die Abstimmungen im Ministerrat und Rat neu fest. Der Einfluss der bevölkerungsstarken Staaten wurde dabei vergrößert. Frankreich beharrte jedoch darauf, mit 29 der so genannten »gewichteten« Stimmen gleich viele wie Deutschland zu erhalten. Ebenfalls 29 bekamen Italien und Großbritannien. Polen und Spanien wurden jeweils 27 zugestanden. Nun wurde in jüngster Zeit immer wieder als Skandal herausgestellt, dass Polen und Spanien noch nicht einmal zusammen über so viel Einwohner wie Deutschland verfügen und dennoch jeweils nur zwei Stimmen weniger haben. Übersehen wurde dabei allerdings, dass ihr Abstand bei der Bevölkerungszahl zu Frankreich, Italien und Großbritannien geringer ist als die Differenz der jeweiligen Bevölkerungszahl dieser drei Länder zu Deutschland. Das Ungleichgewicht bei der Stimmenverteilung entstand also dadurch, dass in Nizza vier Ländern die gleiche Stimmenzahl von 29 gegeben wurde, obwohl Deutschland sehr viel größer als die übrigen drei ist.

In Nizza wurde aber auch erstmalig die Berücksichtigung des demografischen Faktors bei Abstimmungen beschlossen. Zukünftig kann ein Beschluss angefochten werden, wenn er nicht mindestens 62 Prozent der EU-Bevölkerung repräsentiert. Die Bevölkerungsquote kann aber nur angewandt werden, um Beschlüsse zu verhindern, sie vermag nicht, bei Abstimmungen Stimmendefizite auszugleichen. In einer Analyse des Ergebnisses von Nizza heißt es zu den Konsequenzen der Einführung dieses demografischen Faktors: »Spielt man die verschiedenen Staatenkonstellationen durch, zeigt sich, dass die Bevölkerungsquote nur Deutschland als dem größten Mitgliedstaat zusätzliche Blockademöglichkeiten eröffnet. (...) Unter Berufung auf das Bevölkerungserfordernis erreicht Deutschland eine Sperrminorität schon dann, wenn es einen zweiten und einen der kleinen Staaten (außer Luxemburg) auf seiner Seite hat. Ähnlich verhält es sich auch nach Aufnahme der zwölf Kandidatenländer. Deutschland kann dann mit seinem Bevölkerungsanteil Entscheidungen verhindern, wenn es die Unterstützung von zwei der drei nächst größeren Staaten findet. Alle anderen Staaten brauchen hierfür mindestens drei Partner. Letztlich gleicht das demographische Netz also die deutsche Unterrepräsentation bei der Stimmengewichtung wieder aus, jedenfalls im (negativen) Sinne einer Sperrminorität.«[74]

Der Konventsvorschlag sieht nun in Art. I-24 vor, diesen demografischen Faktor zu einer von zwei Bedingungen für das Zustandekommen eines jeden mit qualifizierter Mehrheit gefassten Beschlusses zu machen: »Beschließt der Europäische Rat bzw. der Ministerrat mit qualifizierter Mehrheit, so muss diese der Mehrheit der Mitgliedstaaten entsprechen und mindestens drei Fünftel der Bevölkerung der Union repräsentieren.« Bei 25 Mitgliedstaaten können demnach bis zu 12 Staaten überstimmt werden. Bei 450 Millionen Unionsbürgern umfasst die überstimmbare Minderheit von 40 Prozent immerhin ca. 180 Millionen EU-Bürger.

Was würde sich bei der Annahme dieses Konventsvorschlags konkret ändern? Nach dem geltenden Vertrag von Nizza sind für eine qualifizierte Mehrheit erforderlich: In der auf 25 Staaten erweiterten EU mindestens 72,3 Prozent der sogenannten gewichteten Stimmen, eine Mehrheit der Mitgliedstaaten und, sollte dies von einem Mitgliedstaat verlangt werden, der Nachweis, dass die hinter dem Beschluss stehende qualifizierte Mehrheit im Ministerrat zumindest 62 Prozent der EU-Bevölkerung repräsentiert.

Sollte die Bevölkerungszahl, wie es der Konventsentwurf nun vorsieht, als positives Kriterium an die Stelle der gewichteten Stimmen treten, so würden sich die Machtverhältnisse zwischen den Staaten erheblich verschieben. Begünstigt wären davon die vier bevölkerungsstärksten Länder, und hier insbesondere wiederum Deutschland. Da die Länder Frankreich, Großbritannien, Italien und Deutschland gegenwärtig jeweils 29 gewichtete Stimmen haben, beträgt ihr prozentualer Anteil an den 345 Gesamtstimmen nach der Erweiterung nur jeweils 8,4 Prozent. Ganz anders sähe es hingegen aus, wenn die Bevölkerungszahl zu dem entscheidenden Kriterium würde. Dann würde sich allein der Anteil Deutschlands glatt auf 17 Prozent verdoppeln. Die Anteile Frankreichs, Großbritanniens und Italiens würden sich auf immerhin noch jeweils ca. 12 Prozent erhöhen. Da sich aber die von Spanien und Polen nur geringfügig von 7,8 auf 8 Prozent vergrößern, ginge der Einfluss dieser beiden Staaten zurück. Dies ist denn auch der Grund für ihren hartnäckigen Widerstand gegen die vom Konvent vorgeschlagenen Abstimmungsregeln.

Betrachtet man nun die möglichen Rückwirkungen des Konventsvorschlags auf denkbare Konstellationen bei Koalitionsbildungen im Ministerrat und Europäischen Rat, so ist bereits auf einen Blick erkennbar, dass die vier Großen mit zusammen 53 Prozent bereits fast die erforderlichen 60 Prozent erreichen würden. Für das Zustandekommen qualifizierter Mehrheiten bedarf es aber noch der Mehrheit der Mitgliedstaaten als zweites Erfordernis. Hier besitzt jeder Staat nur eine Stimme, egal ob es sich um Malta oder um Deutschland handelt. Da die vier großen Länder aber nur noch wenige Bündnispartner zum Erreichen der 60 Prozent-Schwelle bei der Bevölkerungszahl benötigen, werden sie bei der Suche nach einer Mehrheit der Mitgliedstaaten freier in ihrer Wahl. Nach dem Konventsvorschlag steigt daher auch die Bedeutung der kleinen Staaten, denn sie werden bei der Herstellung der einfachen Mehrheit der Mitgliedstaaten dringend gebraucht. Verlierer wären dagegen die mittelgroßen Staaten, neben Polen und Spanien die Niederlande, aber auch Staaten mit jeweils rund 10 Millionen Einwohnern, wie Belgien, Griechenland, Portugal, Ungarn und die Tschechische Republik. Da mit der Einführung des demografischen Faktors ihr Gewicht zurückgeht, sinkt auch ihre Bedeutung als Bündnispartner.

Unterscheidet man bei möglichen Mehrheiten zwischen alten und neuen Mitgliedstaaten, also zwischen der EU-15 und der zukünftigen EU-25, so können die alten Mitgliedsländer nach den Vereinbarungen von Nizza ihre Mehrheit noch gerade so halten. Kommen aber Bulgarien und Rumänien (EU-27) dazu, so würden sie diese bereits verlieren. Würde auch noch die Türkei (EU-28) Mitglied werden, so hätten die gegenwärtigen EU-Länder überhaupt keine Gestaltungsmehrheit mehr. Die neuen Mitglieder würden andererseits die ihnen nach dem Nizza-Vertrag zustehende Sperrminorität nach der Annahme des Verfassungsentwurfs verlieren. Weder in einer EU der 25, noch der 27 oder der 28 würden sie darüber noch verfügen.

Die Abstimmungsregelungen sind für die politischen Auseinandersetzungen in der EU von entscheidender Bedeutung, insbesondere bei der Ausfechtung der anstehenden Verteilungskonflikte. Dies gilt sowohl für die Neuordnung der gemeinsamen Agrarpolitik als auch für die Zukunft der Regional- und Strukturfonds. Verlieren die neuen Mitgliedstaaten ihre Sperrminorität, so wird es für sie sehr viel schwerer werden, etwa bei den Entscheidungen über die Reform der Regional- und Strukturpolitik ihre Interessen zur Geltung zu bringen. Die von Transferleistungen der Union besonders abhängigen Kohäsionsländer (Spanien, Griechenland, Portugal, Irland und bald auch die mittel-osteuropäischen Staaten) verfügen nach der geltenden Nizza-Regelung in der EU der 25 ebenfalls noch über eine Sperrminorität. Sollte aber die vom Konvent vorgeschlagene Regelung Anwendung finden, so würden auch sie sie verlieren.

Die Ausweitung der Entscheidungen mit qualifizierten Mehrheiten

Die gegenwärtig vertraglich festgeschriebene Notwendigkeit der Einstimmigkeit im Ministerrat bei vielen Entscheidungen wird als ein besonderes Hemmnis für die zukünftige Handlungsfähigkeit der Union angesehen. Die mit der Erweiterung weiter wachsende Zahl von Mitgliedstaaten vergrößert naturgemäß die Schwierigkeit, zu einstimmigen Beschlüssen zu kommen. Es war daher vorgesehen, dass sich der Konvent dieser Frage im Besonderen annehmen sollte: »Die dritte Frage ist die, wie wir die Effizienz der Beschlussfassung und die Arbeitsweise der Organe in einer Union von etwa 30 Mitgliedstaaten verbessern können. Wie könnte die Union ihre Ziele und Prioritäten besser festlegen und besser für deren Umsetzung sorgen? Brauchen wir mehr Beschlüsse mit qualifizierter Mehrheit?«[75]

Zwar waren bereits bei den vorangegangenen Vertragsrevisionen von Maastricht, Amsterdam und Nizza immer mehr Bereiche hinzugekommen, in denen mit qualifizierten Mehrheiten im Ministerrat abgestimmt wird, der große Durchbruch war jedoch ausgeblieben. Nach dem Konventsentwurf sollen nun Entscheidungen mit qualifizierten Mehrheiten gemäß Art. I-33 in Verbindung mit Art. III-302 zur Norm werden. Die Abstimmung mit qualifizierter Mehrheit wird daher auch als »ordentliches Gesetzgebungsverfahren« bezeichnet. Da dabei regelmäßig das Europäische Parlament mit einbezogen ist, wird es auch Mitentscheidungsverfahren genannt. Im Konvent wurde die konkrete Frage, welche einzelnen Entscheidungen zukünftig in diesem Mitentscheidungsverfahren getroffen werden sollen, so gut wie überhaupt nicht angesprochen. Diese Dinge sind im Teil III des Entwurfs geregelt, dessen Entwurf, wie bereits dargestellt, erst kurz vor Ende der Konventsarbeit präsentiert wurde.[76]

Vielfach wird befürchtet, dass zukünftige Vertragsänderungen, und damit auch eine weitere Ausweitung des Mitentscheidungsverfahrens angesichts von 25 und mehr EU-Staaten immer schwieriger werden, da jede einzelne Vertragsänderung ja von allen Staaten ratifiziert werden muss. Dies ist immer ein langwieriges und ein zudem ungewisses Verfahren, wie die überraschende Ablehnung des Nizza-Vertrages durch die irische Bevölkerung gezeigt hat. Es bestand deshalb vor allem im Präsidium ein großes Interesse daran, eine Regelung zu finden, mit der der Anwendungsbereich des Mitentscheidungsverfahrens ausgeweitet werden kann, ohne gleich ein offizielles Vertragsänderungsverfahren durchführen zu müssen. In Art. I-24 wird mit der sogenannten »Passarelle« nun ein autonomes Vertragsänderungsverfahren vorgeschlagen. Danach kann der Europäische Rat nach einem Prüfungsverfahren von mindestens sechs Monaten von sich aus einstimmig einen Beschluss erlassen, wonach bisher einstimmig zu treffende Entscheidungen in den Bereich der mit qualifizierter Mehrheit zu treffenden Entscheidungen übertragen werden können. Damit wäre dem Europäischen Rat erstmals die Möglichkeit gegeben, das Entscheidungsverfahren für einzelne Fragen von sich aus in ein anderes Abstimmungsverfahren zu überführen, ohne zuvor den Vertrag ändern zu müssen.

Vergleichbar gravierend ist die Formulierung der »Erklärung für die Schlussakte über die Unterzeichnung des Vertrages über die Verfassung«[77], die sich mit der fiktiven Situation befasst, dass nicht alle Staaten dem Vertrag über die Verfassung am Ende zustimmen. »Haben nach

Ablauf von zwei Jahren nach der Unterzeichnung des Vertrags über die Verfassung vier Fünftel der Mitgliedstaaten den genannten Vertrag ratifiziert und sind in einem Mitgliedstaat oder mehreren Mitgliedstaaten Schwierigkeiten bei der Ratifikation aufgetreten, so befasst sich der Europäische Rat mit der Frage.« Hier wird zumindest angedeutet, dass ein Scheitern des Verfassungsvertrages aufgrund der fehlenden Ratifikation durch einen oder sogar mehrere Mitgliedstaaten von den an der Verfassung besonders interessierten Staaten nicht hingenommen werden soll. Und obwohl in der Erklärung mit keinem Wort ausgeführt wird, worin die dann vom Europäischen Rat zu ziehenden Konsequenzen bestehen könnten, könnte es darauf hinauslaufen, dass der Vertrag bzw. Teile davon in den Staaten, die ihn ratifiziert haben, in Kraft gesetzt wird. Damit würde das Europa der verschiedenen Geschwindigkeiten mit einem stärker integrierten Kern endgültig Wirklichkeit werden.

Anmerkungen

1 Erklärung zur Zukunft der Europäischen Union des Europäischen Rats von Laeken, a.a.O.

2 Klaus von Beyme, Die parlamentarische Demokratie, Seiten 38-51, 3. Auflage, Wiesbaden

3 Klaus von Beyme, a.a.O., S.541.

4 Vgl. Art. III- 171 -173.

5 Mit dem Amsterdamer Vertrag wurde das Verfahren der Mitentscheidung auf 38 Bereiche, gegenüber lediglich zuvor 15 nach dem Maastrichter Vertrag, ausgedehnt. Gemäß dem Konventsvorschlag soll sich die Anzahl nun verdoppeln.

6 Vgl. Entschließung des Europäischen Parlaments vom 29.11.01.

7 Rede von Bundesaußenminister Fischer am 12.05.00, a.a.O.

8 FAZ vom 20.07.02, Der Doppelhut.

9 FAZ vom 20.07.02, a.a.O.

10 FAZ vom 03.09.03, Irgendwann kommt der Professor zum Vorschein.

11 Spiegel 43, 2002, Interview mit Valéry Giscard d'Estaing, S. 51.

12 Vgl. Priorities for Europe, the Party of European Socialists in the Convention on the Future of Europe, 3 October 2002.

13 CONV 489/03.

14 CONV 591/03.

15 »The UK and Spain believe he or she should be appointed by a qualified majority in the European Council and subsequently approved by the European Parliament«, CONV 591/03.

16 Andreas Wehr, Schlag ins Kontor, in: Freitag 23 vom 30.05.03. In dem deutsch-französischen Papier war lediglich unbestimmt von einer Wahl des Kommissionspräsidenten durch das Europäische Parlament die Rede gewesen, nicht aber ein Wahlverfahren dafür festgelegt worden.

17 Der Spiegel, a.a.O.

18 Dieses Verfahren soll im Folgenden anhand einer Darstellung von Heinrich Oberreuter erläutert werden. Vgl.: Heinrich Oberreuter , Das Parlament als Gesetzgeber und Repräsentativorgan, in: Die EG-Staaten im Vergleich: Strukturen, Prozesse, Politikinhalte, hrsg. von Oscar W. Gabriel, Bonn 1990.

19 Heinrich Oberreuter, a.a.O. S. 322.

20 Die Zahlen für die 10. Wahlperiode (1983-1987) lauten wie folgt: von den eingebrachten Gesetzentwürfen wurden von der Bundesregierung 53,6%, vom Bundestag 35,1%, vom Bundesrat 11,3% vorgelegt; von den verabschiedeten Gesetzentwürfen stammten von der Bundesregierung 74,1%, vom Bundestag 13,1%, vom Bundesrat 10,0%.

21 Heinrich Oberreuter, a.a.O., S.324.

22 Heinrich Oberreuter, a.a.O., S.324.

23 Heinrich Oberreuter, a.a.O., S.325f.

24 Mathias Jopp und Saskia Matl, Perspektiven der deutsch-französischen Konventsvorschläge für die institutionelle Architektur der Europäischen Union, in: Integration 26.Jg., 2/2003 S.104

25 FAZ vom 17.12.02, Europäische Zensur.

26 Vgl. Bastiaan von Apeldoorn, Transnationale Klassen und europäisches Regieren: Der European Round Table of Industrialists, in: Die Konfiguration Europas, Münster 2000 und Belén Balanyá u.a., Konzern Europa, die unkontrollierte Macht der Unternehmen, Zürich 2001.

27 FAZ vom 17.09.02, Gefahren für den Konvent, Die Europäische Kommission zwischen politischer Unabhängigkeit und Politisierung.

28 Vgl. Redebeitrag von Bundesaußenminister Fischer in der Plenarsitzung des Europäischen Konvents am 21.01.2003.

29 Vgl. Emanuel Richter, Altväterliches Gremium mit Hang zum Autoritativem, a.a.O.

30 Emanuel Richter, Altväterliches Gremium mit Hang zum Autoritativem, a.a.O. Skeptisch gegenüber diesem Ansatz Fritz Scharpf: »Stattdessen (gemeint ist hier die Zulassung eines Europas der verschiedenen Geschwindigkeiten – A.W.) hat man in der europapolitischen Diskussion das ›Subsidia-

ritätsprinzips als Alternative zum einheitlichen Europarecht präsentiert – was jedenfalls hier nicht weiterhilft, wo rein nationale Lösungen nicht mehr wirksam wären.« Vgl. Fritz W. Scharpf, Was man von einer europäischen Verfassung erwarten und nicht erwarten sollte, in: Blätter für deutsche und internationale Politik 1/2003, S. 56 f (58).

31 Eine ähnliche Formulierung findet sich in dem neuen Art. I-9 Abs. 2: »Nach dem Grundsatz der begrenzten Einzelermächtigung wird die Union innerhalb der Grenzen der Zuständigkeiten tätig, die ihr von den Mitgliedstaaten in der Verfassung zur Verwirklichung der in ihr niedergelegten Ziele zugewiesen werden. Alle der Union nicht in der Verfassung zugewiesenen Zuständigkeiten verbleiben bei den Mitgliedstaaten.«

32 Protokoll Nr. 30 über die Anwendung der Grundsätze der Subsidiarität und der Verhältnismäßigkeit, Sartorius II Nr. 151.

33 Siegfried Broß, Überlegungen zum gegenwärtigen Stand des Europäischen Einigungsprozesses, in: Europäische Grundrechtezeitschrift 2002, S. 574 ff. (576).

34 Vgl. Punkt 9 des Protokolls Nr. 30 a.a.O.

35 Beschluss der 30. Europaministerkonferenz der Länder am 10./11. Oktober 2001 in Goslar, TOP 4

36 Ergebnisprotokoll der Besprechung der Regierungschefs der Länder am 15.06.00 in Berlin. Drucksache 14/511 des Abgeordnetenhauses von Berlin, S.2.

37 Erklärung Zur Zukunft der Union von Nizza, a.a.O.

38 Beschluss der 30. Europaministerkonferenz, a.a.O., S. 6.

39 Beschluss der 30. Europaministerkonferenz, a.a.O., S.6.

40 So lautet beispielsweise die Formulierung des Art. 151 Abs. 5 EGV, der eine unterstützende Zuständigkeit der EU in Kulturfragen regelt.

41 Schlussbericht der Konventsarbeitsgruppe V »Ergänzende Zuständigkeiten«, CONV 375/1/02.

42 Vgl. hierzu mit weiteren Nachweisen: Michael W. Bauer/Ralf Knöll, Die Methode der offenen Koordinierung: Zukunft europäischer Politikgestaltung oder schleichende Zentralisierung? In: Aus Politik und Zeitgeschichte B1-2/2003, S.33ff.

43 Von den deutschen Bundesländern wurde diese Neuregelung denn auch in einer ersten, vorläufigen Stellungnahme ausdrücklich begrüßt. Vgl. Beschluss der 36. Europaministerkonferenz vom 18. Juni 2003.

44 Thomas Oppermann, Eine Verfassung für die Europäische Union, a.a.O., S.1172.

45 Schlussbericht der Konventsarbeitsgruppe V »Ergänzende Zuständigkeiten«, a.a.O., S.10.

46 Heinz Hetmeier/Andrea Virginia Richter, Kompetenzabgrenzung in der Europäischen Union, in: Zeitschrift für Gesetzgebung ZG, Heft 4/2001, S. 295 ff. (306).

47 Heinz Hetmeier/Andrea Virginia Richter, a.a.O., S. 298.

48 Siegfried Magiera, Zur Kompetenzneuordnung zwischen der Europäischen Union und den Mitgliedstaaten, in: Integration, Heft 4/2002, S. 269 ff. (275).

49 Vgl. Kompetenzabgrenzung zwischen der Europäischen Union und den Mitgliedstaaten – Gegenwärtiges System, Problemstellung und zu prüfende Optionen, CONV 47/02.

50 Vgl. Schlussfolgerungen der Gruppe I »Subsidiaritätsprinzip«, CONV 286/02, S.3.

51 Vgl. Schlussfolgerungen der Gruppe IV »Rolle der einzelstaatlichen Parlamente«, CONV 353/02, S.10.

52 Vgl. Schlussfolgerungen der Gruppe I, a.a.O., S.2: »Diese Verbesserungen sollten die Beschlussfassungen in den Organen jedoch weder erschweren noch in die Länge ziehen oder blockieren. Die Gruppe hält daher die Schaffung einer mit der Überwachung der Anwendung des Subsidiaritätsprinzips betrauten Ad-hoc-Instanz nicht für wünschenswert.«

53 Vgl. Vorentwurf des Verfassungsvertrages, CONV 369/02, S.3.

54 Vgl. dazu Daniel Thym, »A Superpower, not a Superstate« – Der britische Beitrag zur europäischen Verfassungstradition, in: Integration, 24. Jg., 4/2001, S.356 ff.

55 Rede von Bundesaußenminister Fischer am 12.05.00, a.a.O.

56 Mit der Organisation COSAC (eine Abkürzung von »Conférence des organes spécialisés dans les affaires communautaires«) existiert zwar seit 1989 die »Konferenz der Europaausschüsse der nationalen Parlamente der Mitgliedstaaten der EU und des EP«. Diese Organisation ist aber personell wie materiell ausgesprochen schwach ausgestattet und dient allein dem Informationsaustausch zwischen den einzelstaatlichen Parlamenten über Methoden und Erfahrungen der jeweiligen europapolitischen Arbeit. Eine Koordination der nationalen Parlamente mit dem Ziel einer gemeinsamen Positionsfindung soll nach dem Willen des Konvents auch in Zukunft nicht zu den Aufgaben von COSAC gehören.

57 Vgl. Punkt 7 des Protokolls über die Anwendung der Grundsätze der Subsidiarität und der Verhältnismäßigkeit. Dieses Protokoll ist dem Entwurf des Verfassungsvertrages beigefügt.

58 Die spanischen Vertreter im Konvent unternahmen allerdings aus innenpolitischen Gründen alles, um den Regionen im zukünftigen Verfassungsvertrag keine zusätzlichen Rechte zukommen zu lassen.

59 Einige dieser Regionen haben als »konstitutionelle Regionen« einen Zusammenschluss gebildet. Ihm gehören Bayern, Katalonien, Nordrhein-Westfalen, das Bundesland Salzburg, Schottland, Wallonien und Flandern an.

60 Siegfried Broß, a.a.O. S.577.

61 Vgl. Lamassoure-Bericht des EP vom 16.5.2002, Dok. PE 318.651.

62 In der Entschließung des Bundesrates zur Kompetenzabgrenzung im Rahmen der Reformdiskussion zur Zukunft der Europäischen Union vom

20.12.01 heißt es: »Artikel 308 EGV (Zuständigkeit für unvorhergesehene Fälle) ist entbehrlich geworden. Besteht zwingender Handlungsbedarf der EU, der bisher nur auf der Grundlage von Artikel 308 bewältigt werden konnte, so sollten für die Zukunft konkrete und abschließende Ermächtigungen in das Vertragswerk mit aufgenommen werden.«

63 Zukünftig soll der Katastrophenschutz als ergänzende bzw. unterstützende Maßnahme in Art. III-184 geregelt werden.

64 Vgl. EG-Verordnung Nr. 2580/2001 vom 27.12.01.

65 Note by Mrs. Lena Hjelm-Wallén »The Residual Competence: Basic Statistics on Legislation with a Legal Basis in Article 308, Working Group V, Working document 19, 03.09.02.

66 Lamassoure-Bericht des EP a.a.O.

67 Erklärung Zur Zukunft der Union von Nizza, a.a.O.

68 Vgl. CONV 489/03.

69 Vgl. Protokoll über die Erweiterung der Europäischen Union des Europäischen Rats von Nizza, Artikel 4.

70 Vgl. Protokoll über die Erweiterung der Europäischen Union des Europäischen Rats von Nizza, Artikel 4.

71 Werner Weidenfeld, a.a.O., S.44.

72 Werner Weidenfeld, a.a.O., S.44.

73 Thomas Oppermann, a.a.O., S.1165.

74 Thomas Wiedmann, Der Vertrag von Nizza – Genesis einer Reform, in: Europa Recht, Heft 2, 2001, S.50.

75 Vgl. Erklärung zur Zukunft der Europäischen Union des Europäischen Rates von Laeken, a.a.O.

76 »Der Konvent hat vor allem durch die Integration des 2. und 3. Pfeilers des Maastrichter EU-Vertrages in die Verfassung, aber in großzügiger Auslegung des Nizza-Mandats auch an einigen anderen Stellen in Teil III wichtige Neuregelungen vorgenommen. Teilweise geschah dies in formal und inhaltlich problematischer Weise erst in letzter Minute während des ›Nachsitzens‹ des Konvents in der ersten Julihälfte 2003.« Vgl. Thomas Oppermann, a.a.O., S. 1243.

77 Die »Erklärung für die Schlussakte über die Unterzeichnung des Vertrages über die Verfassung« wurde dem Verfassungsvertrag beigefügt.

Teil III
Neue Politikinhalte

1. Schritte zur Militarisierung der Union

Befragt, ob mit der Verfassung die »Neugründung Europas« einhergehe, antwortete Giscard d'Estaing: »Wir behalten die vertraglichen Grundlagen zum gemeinsamen Markt, zum Wettbewerb, zur Währungsunion bei. Aber wir wagen uns auch mit Gründergeist auf neue Handlungsfelder. Etwa in der gemeinsamen Außenpolitik, bei der Verteidigung oder dem einheitlichen Recht zur effizienten Kriminalitätsbekämpfung und Sicherung der Bürgerrechte. Das wird wie eine Neugründung wahrgenommen.«[1] Giscard d'Estaing sah sich in Übereinstimmung mit der übergroßen Mehrheit der europäischen Bürgerinnen und Bürger. 71 Prozent der in allen 15 Mitgliedstaaten Befragten seien laut »Eurobarometer« der Meinung, dass die Union eine gemeinsame Sicherheits- und Verteidigungspolitik entwickeln solle. Und 63 Prozent befürworteten eine gemeinsame Außenpolitik.[2] Welche konkrete Außen- und Sicherheitspolitik die Union aber betreiben solle, danach hatte man nicht gefragt.

Die Bemühungen des Konvents zur Stärkung der europäischen Außen- und Sicherheitspolitik standen lange Zeit unter einem ungünstigen Stern, denn während der Arbeit am neuen Verfassungsvertrag zerstritt sich die Union über ihre Haltung zum Irakkrieg. Und so stehen denn auch die vorgeschlagenen Artikel für die Neugestaltung der europäischen Außenpolitik erst einmal nur auf dem Papier. Sie müssen vor dem ernüchternden Hintergrund gelesen werden, dass bereits im geltenden Vertrag davon die Rede ist, dass sich die Mitgliedstaaten in der Außenpolitik »jeder Handlung enthalten, die den Interessen der Union zuwiderläuft oder ihrer Wirksamkeit als kohärente Kraft in den internationalen Beziehungen schaden könnte«.[3] Diese eindeutige Formulierung hat aber die Staats- und Regierungschefs Großbritanniens, Spaniens, Portugals und Dänemarks nicht daran gehindert, den USA ihre Solidarität bei deren Aggression gegenüber dem Irak zu bekunden und damit zugleich die Solidarität mit den übrigen EU-Staaten aufzukündigen. Sie hielten es nicht einmal für nötig, die griechische Ratspräsidentschaft über ihr Vorgehen auch nur in Kenntnis zu setzen.[4]

Der Streit hat dem Konsens über die Stärkung der militärischen Macht eines zukünftigen Europas offenbar aber nicht geschadet. Die in Konventsarbeitsgruppe »Verteidigung« dazu getroffenen Vereinbarungen, etwa zur Entwicklung der Rüstungszusammenarbeit, wurden sowohl von Befürwortern als auch von Gegnern des Irakkrieges unterstützt. Und selbst auf dem Höhepunkt des Konflikts zwischen »Atlantikern und Europäern«, als britische Truppen noch vor Basra lagen, schrieb der britische Außenminister Jack Straw: »Wir teilen auch die Meinung, dass es noch viel Spielraum für die Weiterentwicklung der Europäischen Sicherheits- und Verteidigungspolitik (ESVP)[5] gibt. (...) Und natürlich unterstütze ich das von Gerhard Schröder kürzlich vorgebrachte Argument, dass die EU-Mitgliedstaaten in Zukunft mehr Geld in ihr eigenes militärisches Potential investieren müssen, damit die ESVP auch Wirkung erzielen kann.«[6] Und die Financial Times schrieb aus Anlass des verteidigungspolitischen Gipfels von Belgien, Frankreich, Deutschland und Luxemburg am 29. April 2003 in Brüssel: »Lasst sie machen. Frankreich und besonders Deutschland sollten sich verpflichten, ihre militärischen Kapazitäten zusammenzubringen. (...) Solch ein Erfolg würde das Treffen rechtfertigen, das sonst von Washington, London und anderen EU-Hauptstädten bestenfalls als sinnlos und schlimmstenfalls als eine spalterische antiamerikanische Kabale angesehen werden müsste.«[7]

Der Durchbruch von Köln

Dass zwar innerhalb der Union gravierende Differenzen über ihre zukünftige sicherheitspolitische Rolle in der Welt existieren, nicht aber über die immer wieder unterstrichene Notwendigkeit der Stärkung der europäischen Verteidigungsfähigkeiten, darüber muss man sich nicht wundern, ruft man sich den Ausgangspunkt der europäischen Verteidigungspolitik in Erinnerung. Es war der französisch-britische

Gipfel vom 4. Dezember 1998 in St. Malo, der den Weg für eine Militarisierung der EU freimachte. In der Abschlusserklärung dieses Treffens wurde gefordert, dass die Union »in der Lage sein muss, ihre Rolle in der internationalen Arena voll und ganz wahrzunehmen«. Der Rat müsse in diesem Bereich Entscheidungen auf »zwischenstaatlicher« Grundlage treffen können. Die Union benötige für die praktische Umsetzung dieser Entscheidungen »eine autonome Handlungskapazität, unterstützt von glaubwürdigen Streitkräften mit den Mitteln und der Bereitschaft, sie zu nutzen«, um internationalen Krisen zu begegnen.[8] Der französisch-britische Gipfel von St. Malo war wiederum einer Initiative von Tony Blair zu verdanken, der ein solches Treffen zuvor auf der EU-Ratstagung am 24. /25. 10. 1998 im österreichischen Pörtschach angeregt hatte.[9]

Erste Aussagen über eine gemeinsame Außen- und Sicherheitspolitik waren bereits in den Vertrag von Maastricht 1992 aufgenommen worden, die dann mit dem Vertrag von Amsterdam 1997 weiter präzisiert wurden. Doch erst nach der französisch-britischen Einigung in St. Malo wurde im Juni 1999 auf der Ratstagung in Köln mit dem Beschluss über die Schaffung ständiger und dauerhafter Strukturen in der europäischen Sicherheitspolitik der Durchbruch erzielt. Von nun an sollten in der Union Schritt für Schritt die Fähigkeiten und die Mittel zu ihrem autonomen militärischen Handeln geschaffen werden. Dem diente die Einrichtung eines politischen und sicherheitspolitischen Komitees, eines Militärausschusses und eines Militärstabes. Auch wurde mit dem früheren NATO-Generalsekretär Javier Solana erstmals ein dem Europäischen Rat verantwortlicher »Hoher Vertreter für die Gemeinsame Außen- und Sicherheitspolitik« ernannt. Zugleich wurde aber ausdrücklich festgehalten, dass diese neu geschaffenen Strukturen das Handeln der NATO nicht beeinträchtigen sollten. Im Gegenzug wurde die NATO aufgefordert, der Union zu gestatten, bei ihren Aktionen auf NATO-Mittel und Fähigkeiten zurückgreifen zu können. Ein derartiges Abkommen konnte nach langen Verhandlungen schließlich auf der Kopenhagener Ratstagung am 16. Dezember 2002 abgeschlossen werden.[10]

Bereits ein halbes Jahr nach dem Treffen in Köln wurden auf der

Ratstagung von Helsinki im Dezember 1999 diese politischen Vorgaben in konkrete Ziele umgesetzt. Zu ihnen gehörten die Schaffung »glaubwürdiger, verfügbarer und schlagkräftiger europäischer Streitkräfte ab 2003«. Die Mitgliedstaaten verpflichteten sich dafür, Kräfte bis zu einer Stärke von 15 Brigaden (ca. 50.000 bis 60.000 Mann) rasch verlegen und zumindest ein Jahr lang einsatzfähig halten zu können. Damit sollen gemeinsame militärische Kapazitäten entwickelt werden, mit denen die sogenannten Petersberg-Aufgaben in vollem Umfang erfüllt werden können. Diese Petersberg-Aufgaben[11] wurden erstmals im Vertrag von Amsterdam erwähnt und schließen »humanitäre Aufgaben und Rettungseinsätze, friedenserhaltende Aufgaben sowie Kampfeinsätze bei der Krisenbewältigung einschließlich friedensschaffender Maßnahmen« ein.

Die Haushalte für Verteidigung

Doch all diese beachtlichen Fortschritte bei der Entwicklung europäischer verteidigungspolitischer Fähigkeiten blieben zunächst nur Absichtserklärungen. In der Realität kam der 1999 vereinbarte Aufbau von Einsatzkräften nur äußerst schleppend voran. Das lag zum einen daran, dass Entscheidungen über Militär nun einmal den Kern der Souveränität der Mitgliedstaaten berühren. Im gesamten Bereich der Gemeinsamen Außen- und Sicherheitspolitik kann daher der Ministerrat nur einstimmig entscheiden.[12] Zum anderen können die europäischen Völker offensichtlich nur sehr mühsam davon überzeugt werden, dass es nach dem Ende des Kalten Krieges und angesichts vollständiger Abwesenheit neuer militärischer Bedrohungen erneut notwendig sein soll, aufzurüsten und damit immer mehr von den knappen öffentlichen Mitteln zu vergeuden. Im Schlussbericht der Konventsarbeitsgruppe VIII »Verteidigung« wird denn auch geklagt: »Eine Analyse der einzelstaatlichen Verteidigungshaushalte zeigt, dass der Anteil der Militärausgaben am Bruttoinlandsprodukt (BIP) nur in fünf der fünfzehn Mitgliedstaaten mehr als 2 Prozent beträgt. Nur zwei dieser Staaten (Frankreich und das Vereinigte Königreich) haben in jüngster Zeit eine deutliche Aufstockung ihrer Budgets für Rüstungsgüter angekündigt. In den meisten Mitgliedstaaten werden die Militärausgaben weiterhin gekürzt.«[13] Tatsächlich liegen die Ausgaben für Verteidigung in den EU-Ländern sehr weit auseinander. Sie reichen von 0,75 Prozent des BIP in Irland bis zu dem ungewöhnlich hohen Anteil von 4,91 Prozent in Griechenland. Die Ausgaben Frankreichs und Großbritanniens liegen bei 2,5 bzw. 2,7 Prozent im oberen, die Deutschlands mit 1,5 Prozent hingegen im unteren Bereich. Im Vergleich dazu liegt der Anteil der Verteidigungsausgaben in den USA bei 3,2 Prozent. In absoluten Zahlen betragen die Verteidigungs- und Rüstungsausgaben aller 15 EU-Staaten 170,754 Mrd. EURO, die der USA dagegen 285,257 Mrd. EURO. [14]

Zwar verabschiedeten die EU-Verteidigungsminister im Jahre 2000 einen Europäischen Aktionsplan (European Capabilities Action Plan-ECAP), mit »dem die in bezug auf die Fähigkeiten ermittelten Lücken durch eine Rationalisierung der Verteidigungsausgaben der Mitgliedstaaten und durch die Nutzung der zwischen ihren nationalen und internationalen Projekten bestehenden Synergien geschlossen werden sollen«.[15] Doch selbst drei Jahre nach der Aufstellung dieses Aktionsplans war die Bestandsaufnahme ernüchternd: »Obwohl hinsichtlich der Ermittlung dieser Lücken und ihrer Schließung erhebliche Fortschritte erzielt wurden, ist festzustellen, dass die Ergebnisse weiterhin nicht zufrieden stellend sind und daher weitere Anstrengungen unternommen werden müssen.«[16]

Die bisher vorzeigbaren Ergebnisse bei der Schaffung einer Europäischen Sicherheits- und Verteidigungspolitik sind daher ausgesprochen bescheiden. Die EU übernahm bisher lediglich die Aufgaben einer Polizeimission in Bosnien- Herzegowina von den Vereinten Nationen, und am 1. April 2003 feierte man in Mazedonien mit Flaggenhissung und großem militärischen Pomp die Ablösung eines NATO-geführten Kontingents durch die »EU-Mission Concordia«.[17]

Der erste größere EU-Einsatz fand im Sommer 2003 als »Operation Artemis« im kongolesischen Bunia statt. Es handelte sich allerdings um eine fast ausschließlich französische Mission, denn neben 1.000 Franzosen beteiligten sich nur 64 Soldaten aus Schweden, sechs aus Belgien, sechs aus Südafrika und je einer aus Deutschland und Österreich daran. Weitere 349 deutsche Soldaten sorgten vom ugandischen Entebbe aus für logistische Unterstützung. Geführt wurde die Mission denn auch allein aus Paris. Als nächste Operation bereitet sich die EU auf die Übernahme gegenwärtig noch NATO-geführter Aufgaben in Bosnien-Herzegowina vor.

Angesichts dieses Schneckentempos hatten die europäischen Eliten bereits zu Beginn der Arbeit des Verfassungskonvents für sich die Entscheidung getroffen, die Weiterentwicklung der ESVP zu einem der Schwerpunkte zu machen. Die mit dem Streit über den Irakkrieg unübersehbar gewordene Schwäche Europas sollte dabei in eine Schubkraft zur Schaffung neuer, gemeinsamer Strukturen umgewandelt werden. In diesem Sinne argumentierte etwa Joseph Fischer: »Aber wir haben jetzt die große Chance, beim europäischen Verfassungskonvent daraus nach vorne blickend die Konsequenzen zu ziehen. Der Konvent ist jetzt noch wichtiger geworden. Es soll natürlich keinen Zwang zu einer homogenen Position geben, aber wir brauchen eine Verpflichtung zu gemeinschaftlichem Handeln, wenn es in den strategischen Beziehungen ernsthafte Veränderungen gibt.«[18]

Bedrohungsanalyse

Als große aktuelle Herausforderung der europäischen Außen- und Sicherheitspolitik wird die Bedrohung durch den internationalen Terrorismus gesehen. In nahezu allen Papieren und Dokumenten taucht dieses Mantra auf. Mal erscheint es nur in Andeutungen, ein anderes Mal wird direkt auf die Terroranschläge in den USA Bezug genommen: »Seit dem 11. September kann die Bedrohung nicht mehr als ein Konfliktrisiko zwischen Staaten oder Volksgruppen definiert werden. Wir befinden uns nun in einer Situation der globalen Unsicherheit, die durch diffusere Risiken gekennzeichnet ist, einschließlich derer, die von internationalen Terrororganisationen oder einem Einsatz von Massenvernichtungswaffen ausgehen und sich den Mitteln entziehen, die für die Konfliktbewältigung im traditionellen Sinne vorgesehen sind.«[19]

Der Verweis auf die terroristische Bedrohung hat in den Dokumenten, Statements und Presseerklärungen von Rat, Parlament und Kommission die noch in den neunziger Jahren verbreitete Bezugnahme auf die Bürgerkriege im ehemaligen Jugoslawien als Anlass der Klagen über die politische und militärische Schwäche Europas gänzlich verdrängt. Ganz anders noch als vor drei oder vier Jahren redet niemand mehr von Menschenrechtsverletzungen als Rechtfertigung für eine europäische militärische Intervention, auch nicht der deutsche Außenminister.

In der vom Europäischen Rat am 12. Dezember 2003 in Brüssel angenommenen Sicherheitsstrategie wird in der Aufzählung der »neuen Bedrohungen« der Terrorismus gleich an erster Stelle genannt. Dort heißt es: »Größere Angriffe gegen Mitgliedstaaten sind nunmehr unwahrscheinlich geworden. Dafür ist jedoch Europa mit neuen Gefahren konfrontiert, die verschiedenartiger, weniger sichtbar und weniger vorhersehbar sind. (...) Der internationale Terrorismus ist eine strategische Bedrohung.« Erst im Anschluss daran folgen als weitere Bedrohungen die Verbreitung von Massenvernichtungswaffen, die Gefahr durch »gescheiterte Staaten« und die organisierte Kriminalität.

Deutsch-französische Initiativen im Konvent

Bei der Formulierung der außen- und sicherheitspolitischen Positionen des Konvents überließen die maßgeblichen Akteure nichts dem Zufall. Legt man die Initiativen, Beiträge und Abschlussberichte der Arbeitsgruppen »Außenpolitik« und »Verteidigung«, die Entschließung des Europäischen Parlaments »über die neue europäische Sicherheits- und Verteidigungsarchitektur« vom April 2003,[20] aber auch die termingerecht zu den Konventsberatungen im März des gleichen Jahres vorgestellte »Mitteilung der Kommission über Europäische Verteidigungs-, Industrie- und Marktaspekte«[21] nebeneinander, so erkennt man leicht, wie sich die Texte aufeinander beziehen, sich ergänzen und sich sogar einzelne Formulierungen wortgleich wiederholen. Dazu gehört natürlich auch das Ergebnisprotokoll des Treffens der Regierungschefs Belgiens, Frankreichs, Luxemburgs und Deutschlands vom 29. April 2003 in Brüssel. Den Ausgangspunkt der Konventsberatungen setzte einmal mehr eine deutsch-französische Initiative, diesmal der beiden Außenminister Fischer und de Villepin vom 22. November 2002, vorgelegt unter der Überschrift »Gemeinsame deutsch-französische Vorschläge für den Europäischen Konvent zum Bereich Europäische Sicherheits- und Verteidigungspolitik«.[22] In diesem nur vierseitigen Papier sind bereits alle Fragen aufgelistet, die sich später in den Berichten des Konvents und schließlich in dem Vertragsentwurf wiederfinden. Im Januar 2003 folgte ein von Bundesverteidigungsminister Peter Struck und der französischen Verteidigungsministerin Michèle Alliot-Marie gemeinsam verfasster Artikel, in dem die beiden u.a. ankündigten, dass sie sich für das »Funktionieren einer europäischen Rüstungspolitik und die Gründung einer Europäischen Rüstungsagentur« einbringen werden.[23] Dass man nichts dem Zufall überließ, zeigte sich auch bei der Auswahl der handelnden Personen. Mit dem Mitglied der Kommission, Michel Barnier, sowie mit Philippe Morillon[24] wurden ausgerechnet zwei französische Politiker mit der Leitung der Arbeitsgruppe des Konvents bzw. mit der Berichterstattung für das Europäische Parlament betraut. Dazu passt, dass die französische Regierung, die seit dem Beginn der Präsidentschaft Jacques Chiracs ihren Verteidigungshaushalt deutlich erhöht hat, sich massiv für eine Stärkung der rüstungspolitischen Zusammenarbeit in Europa einsetzt.

Entscheidungsstrukturen

Einer schnellen und flexiblen Beschlussfassung in der Außen- und Verteidigungspolitik stehen die äußerst schwerfälligen Entscheidungsstrukturen der Union entgegen. Dies ist bereits heute ein Problem im Europa der 15 und wird es erst recht in einer erweiterten EU sein. Nach den geltenden Bestimmungen kann der Ministerrat nur einstimmig entscheiden. Allerdings gibt es bereits jetzt die Möglichkeit der sogenannten konstruktiven Stimmenthaltung, was bedeutet, dass Mitgliedsländer, die mit einzelnen militärischen Operationen nicht einverstanden sind, an der Abstimmung nicht teilnehmen, ohne dass damit das Erfordernis der Einstimmigkeit verletzt wäre.[25] Das sich enthaltende Mitgliedsland ist anschließend nicht verpflichtet, den Beschluss durchzuführen, akzeptiert jedoch, dass er für die Union bindend ist.

Nach dem Willen der Konvents sollen zwei Neuerungen für eine größere Handlungsfähigkeit in der Außenpolitik sorgen: Die Schaffung des Amtes des Außenministers[26] und die Ermöglichung der Beschlussfassung im Ministerrat mit qualifizierter Mehrheit in allen Fragen, die nicht das Militärische oder die Verteidigung berühren. Beide Vorschläge waren aber im Konvent äußerst umstritten. Die hierzu vom Präsidium vorgeschlagenen Formulierungen wurden mehrfach grundlegend überarbeitet und blieben bis in die letzte Konventssitzung hinein umkämpft. Eine Gruppe von Konventsmitgliedern unter Führung der Vertreter der britischen Regierung erreichte schließlich, dass die Möglichkeit der Anwendung des Prinzips der qualifizierten Mehrheit stark eingeschränkt wurde und auch die noch im ersten Präsidiumsentwurf einem zukünftigen Außenminister eingeräumten Initiativrechte deutlich beschnitten wurden. So soll es auch zukünftig im außenpolitischen Handeln beim Einstimmigkeitsprinzip im Ministerrat bleiben.[27] Zwar dürfen in Einzelfällen auch Beschlüsse mit qualifizierter Mehrheit gefasst werden, aber nur in solchen Angelegenheiten, in denen der Europäische Rat, also die Versammlung der Staats- und Regierungschefs, bereits zuvor einstimmig Grundlagenbeschlüsse verabschiedet hat.[28] Nach dem gleichen Muster ist das Initiativrecht des Außenministers ausgestaltet. Über eine Initiative von ihm kann der Ministerrat zwar mit qualifizierter Mehrheit abstimmen, allerdings nur dann, wenn er diese Initiative »auf ein spezielles Ersuchen des Europäischen Rates hin unterbreitet«[29].

Die strukturierte Zusammenarbeit

Da äußerst ungewiss ist, ob diese gegenüber der geltenden Praxis nur wenig abgeänderten Entscheidungsverfahren künftig zu einem schnelleren und konsistenteren Vorgehen der EU führen werden, wurde die Forderung erhoben, eine engere Zusammenarbeit einzelner Mitgliedstaaten in der Außenpolitik, aber auch in der Verteidigungspolitik möglich zu machen. Dies war ein besonderes Anliegen der Außenminister Fischer und de Villepin: »Es wird aber Situationen geben, in denen nicht alle Mitgliedstaaten bereit oder in der Lage sind, sich an der Zusammenarbeit zu beteiligen. Für diesen Fall muss denjenigen, die dies wünschen, die Option einer Zusammenarbeit mit einigen anderen im Rahmen des Vertrages offen stehen. Daher muss das Instrument der verstärkten Zusammenarbeit auch für die ESVP nutzbar gemacht werden.«[30] Im Hintergrund stand die Überlegung, im Einzelfall unabhängig sowohl von neutralen EU-Mitgliedsländern als auch von Staaten handeln zu können, die sich aufgrund ihrer Loyalität gegenüber den USA gemeinsamen Operationen verweigern könnten.

Wie eine solche engere Zusammenarbeit in der Praxis aussehen könnte, dafür hatten Belgien, Deutschland, Frankreich und Luxemburg mit dem von den Medien gern als »Pralinengipfel« titulierten verteidigungspolitischen Treffen im April 2003 in Brüssel ein Beispiel geliefert.[31] Da entsprechende Vertragsbestimmungen als Grundlage für ein solches Vorgehen aber gegenwärtig innerhalb der Union nicht vorhanden sind, begann man mit der Zusammenarbeit außerhalb der europäischen Gremien. Dies ist ein keineswegs ungewöhnliches Verfahren. Die Zusammenarbeit einzelner EU-Mitgliedsländer bei der grenzüberschreitenden Kontrolle im Rahmen des sogenannten Schengener- Besitzstandes als auch die Zusammenarbeit in der europäischen Polizeibehörde Europol, begann gleichfalls zunächst außerhalb der EU-Gremien.

Das eigentlich dafür vorgesehene Verfahren der verstärkten Zusammenarbeit hat sich als ein nicht praktikables Instrument erwiesen.[32] Zwar existiert es bereits seit dem Vertrag von Amsterdam 1997, doch auch zukünftig soll es nur »als letztes Mittel« gewährt werden. Zuvor muss der Europäische Rat feststellen, dass die damit angestrebten Ziele nicht von der Union insgesamt und innerhalb eines vertretbaren Zeitraums verwirklicht werden können. Zudem muss sich an der verstärkten Zusammenarbeit mindestens ein Drittel der Mitgliedstaaten beteiligen. Aufgrund dieser hohen Hürden ist dieses Verfahren bis zum heutigen Tag noch nicht einmal angewandt worden. In den Konventsberatungen hatte sich schon früh abgezeichnet, dass auch in Zukunft das Instrument der verstärkten Zusammenarbeit äußerst unflexibel bleiben würde.[33] Um den Wünschen der vier Länder des Brüsseler Gipfels dennoch entsprechen zu können, musste daher ein anderer Weg gewählt werden. Es wurde das Instrument der strukturierten Zusammenarbeit erfunden. Danach soll es ausreichen, dass die »Mitgliedstaaten, welche anspruchsvolle Kriterien in bezug auf die militärischen Fähigkeiten erfüllen und die im Hinblick auf Missionen mit größeren Anforderungen verbindliche Zusagen machen wollen«, dies lediglich in einem Verzeichnis niederlegen.[34] Damit wird ein militärisches Kerneuropa möglich. Bis zuletzt war im Konvent umstritten, ob das Verzeichnis die Form einer Erklärung oder eines Protokolls haben soll. Dies scheint auf den ersten Blick nur eine zweitrangige juristische Frage zu sein, doch tatsächlich birgt sie eine Brisanz in sich, denn für die Anfügung eines Protokolls ist die Zustimmung aller Mitgliedstaaten erforderlich, nicht aber für eine Erklärung. Es waren denn auch die britischen Vertreter im Konvent, die auf einem Protokoll bestanden. Diese Festlegung erlaubt ihnen, auch zukünftig mit entscheiden zu können, ob es zu einer strukturierten Zusammenarbeit in verteidigungspolitischen Fragen innerhalb der Union überhaupt kommen kann.[35]

Die drei Länder Großbritannien, Frankreich und Deutschland haben sich inzwischen auf die Einzelheiten einer solchen strukturierten Zusammenarbeit geeinigt. Das noch auf dem Brüsseler Gipfel vorgeschlagene eigene unabhängige Hauptquartier mit Sitz im Brüsseler Vorort Tervuren soll danach lediglich eine »Führungszelle« im NATO-Hauptquartier werden. Die Briten verhandelten dabei auch im Auftrag der USA, die unter allen Umständen die Bildung eines eigenständigen europäischen Hauptquartiers verhindern wollten. Erst als dies definitiv ausgeschlossen war, gaben sie der britischen Regierung die Genehmigung, dem Abkommen zuzustimmen.[36]

Die europäische Eingreiftruppe

Einmal angenommen, die EU kann sich auf gemeinsame militärische Maßnahmen einigen, wie steht es um ihre Fähigkeiten, den von ihr in der Welt georteten Krisen wirksam begegnen zu können? Die Arbeitsgruppe »Verteidigung« hatte bereits eine Erweiterung der sogenannten Petersberg-Aufgaben empfohlen. Der Konventsvorschlag sieht nun vor, dass Maßnahmen zur Konfliktverhütung, gemeinsame Abrüstungsmaßnahmen und militärische Beratung und Unterstützung hinzukommen sollen. Im Bericht der Arbeitsgruppe wurde erläutert, was mit militärischer Beratung und Unterstützung gemeint ist: »Zusammenarbeit mit den Streitkräften eines Drittlandes oder einer regionalen/subregionalen Organisation zwecks Aufbau demokratischer Streitkräfte durch den Austausch vorbildlicher Praktiken, beispielsweise durch Ausbildungsmaßnahmen.«[37] Hinzukommen sollen außerdem »Stabilisierungsmaßnahmen nach Konflikten«. Und im Konvent wurde der Satz angefügt: »Mit all diesen Missionen kann zur Bekämpfung des Terrorismus beigetragen werden, unter anderem auch durch die Unterstützung für Drittstaaten bei der Bekämpfung des Terrorismus in ihrem Hoheitsgebiet.«[38]

Mit dieser präziseren Definition des Maßnahmenkatalogs der Petersberg-Aufgaben wird ihr eigentlicher Charakter erkennbar. Bei der EU-Eingreiftruppe handelt es sich weniger um einen klassischen Kampfverband als vielmehr um eine Hilfstruppe, die dem Tross der von der USA-geführten jeweiligen »Koalition der Willigen« bzw. der von der NATO aufzustellenden Nato Response Force (NRF)[39] auf den Schlachtfeldern der Dritten Welt nachfolgt. Gemäß der bereits im ehemaligen Jugoslawien und in Afghanistan praktizierten Arbeitsteilung ist die EU- Eingreiftruppe für das sogenannte »Nation-building« in den immer zahlreicher werdenden Protektoraten des Westens zuständig. Sie wird daher kaum das Herzstück einer zukünftigen europäischen Armee sein, wie es viele erhoffen und manche befürchten.

Ein europäisches Amt für Rüstung, Forschung und militärische Fähigkeiten

Von großer praktischer Bedeutung dürfte die in Art. III-212 vorgesehene Einrichtung einer Europäischen Agentur für Rüstung, Forschung und militärische Fähigkeiten sein. Auch diese Idee war bereits im Vorschlag Fischers und de Villepins enthalten.[40] Sie fand Eingang in die Forderungen der Arbeitsgruppe »Verteidigung«: »Die Entwicklung der (militärischen) Fähigkeiten gehen Hand in Hand mit einer Entwicklung der Rüstung. Vor diesem Hintergrund wurde der Vorschlag, auf zwischenstaatlicher Ebene eine europäische Agentur für Rüstung und strategische Forschung zu errichten, von einem Großteil der Gruppe unterstützt. Diese Agentur hätte in erster Linie die Aufgabe, den operativen Bedarf zu decken; zu diesem Zweck müsste sie eine abgestimmte Beschaffungspolitik der Mitgliedstaaten fördern sowie die verteidigungstechnische Forschung, auch auf dem Gebiet der militärischen Weltraumsysteme, unterstützen.«[41] So konnte die Frankfurter Allgemeine Zeitung mit Genugtuung berichten, dass »dort (in der Konventsarbeitsgruppe Verteidigung) die Überlegungen, fast unbemerkt von der Öffentlichkeit, schon weit gediehen« seien.[42] Auch der Morillon-Bericht des Europäischen Parlaments sprach sich für eine solche Agentur aus, die »darauf hinwirken soll, dass die Mitgliedstaaten eine harmonisierte Beschaffungspolitik verfolgen, und die Kooperationsvorhaben zwischen den Mitgliedstaaten steuern sollte.«[43]

Die neue Agentur soll einen Zustand beenden, der von Stagnation und Unübersichtlichkeit in der europäischen Rüstungsindustrie gekennzeichnet ist. Da Beschaffungspolitik auf das engste mit der Fähigkeit zur Verteidigung verbunden ist und daher einen Kernbestandteil nationaler Souveränität berührt, unterliegen die Rüstungsunternehmen nicht den Bestimmungen des Gemeinsamen Marktes.[44] Von der Europäischen Kommission wird dies als Ursache für die »Zersplitterung der Märkte und Industriebetriebe« gesehen, die ihrer Ansicht nach Folgen für die gesamte Gemeinschaft haben wird, denn »gelingt es (...) nicht, eine europäische Dimension des Verteidigungsgütermarktes (zu entwickeln) und in die Forschung zu investieren, so wird sich dies mit Sicherheit abträglich auf die Wettbewerbsfähigkeit von Spitzentechnologieunternehmen auswirken. Wissen und Innovation sind die wichtigsten Faktoren, die jene Unternehmen, in die Lage versetzen, auf gleicher Basis mit den internationalen Wettbewerbern, beispielsweise den US-amerikanischen Unternehmen, die von der Regierung des Landes eine sehr viel umfassendere Unterstützung erhalten, zu konkurrieren und zu kooperieren.«[45]

Dies soll nun mit der Einrichtung des Europäischen Amtes für Rüstung, Forschung und militärische Fähigkeiten anders werden. Von ihm sollen die Projekte und Programme geleitet und überwacht werden, die von mindestens zwei EU-Staaten gemeinsam betrieben werden. Das neue Amt soll darüber hinaus weitere Aufgaben übernehmen. So soll es auch für die Überwachung der von den EU-Mitgliedstaaten eingegangenen Rüstungsverpflichtungen zuständig sein. Von der Arbeitsgruppe »Verteidigung« wurde dazu ausgeführt: »In diesem Zusammenhang wurde festgestellt, dass ein Mechanismus erforderlich ist, mit dem sich die Art und Weise, in der die Mitgliedstaaten ihre Zusagen einhalten, bewerten und verbessern lässt. (...) Mehrere Gruppenmitglieder schlugen vor, im Rahmen einer regelmäßigen Bewertung und Kontrolle zu überprüfen, inwieweit die Mitgliedstaaten diesen verschiedenen Verpflichtungen nachkommen. Diese Aufgabe könnte der Rüstungsagentur übertragen werden. (...) Der Leiter der Agentur könnte somit ermächtigt werden, die Fortschritte, die von den Mitgliedstaaten beim Aufbau der Fähigkeiten hinsichtlich der verschiedenen vereinbarten Ziele erreicht werden, zu überwachen und bestimmten Ländern die Teilnahme an spezifischen Programmen vorzuschlagen.«[46] Im Konventsentwurf findet sich diese Aufgabenstellung in Art. III-207 wieder: »Aufgabe des dem Ministerrat unterstellten Europäischen Amtes für Rüstung, Forschung und militärische Fähigkeiten ist es, bei der Ermittlung der Ziele im Bereich der militärischen Fähigkeiten der Mitgliedstaaten und der Bewertung der Erfüllung der von den Mitgliedstaaten in bezug auf diese Fähigkeiten eingegangenen Verpflichtungen mitzuwirken.«

Was unter dieser »Bewertung der Erfüllung der Verpflichtungen« zu verstehen ist, darüber gibt eine Formulierung in einem Dokument Auskunft, das vom Sekretariat des Konvents für die Arbeitsgruppe erstellt wurde. Dort lautet eine Fragestellung, mit der sich die Gruppe beschäftigen sollte, wie folgt: »Ist in diesem Bereich die Etablierung eines Mechanismus zu empfehlen, mit dem die Union ihre sich selbst gesetzten Ziele erreichen kann, vergleichbar mit den Konvergenzkriterien der

Wirtschafts- und Währungsunion?«[47] Auch im Bericht des Europäischen Parlaments wird von einer »Eurozone für Verteidigung«[48] gesprochen. Angestrebt wird demnach die Etablierung eines Mechanismus, mit dem die Mitgliedstaaten zur Einhaltung ihrer Rüstungsanstrengungen angehalten werden können. Kann dieser Mechanismus wohl mit dem Stabilitätspakt der Wirtschafts- und Währungsunion rein technisch verglichen werden, so ist seine Zielsetzung genau entgegengesetzt. Geht es beim Stabilitätspakt um die Begrenzung der Verschuldung, vor allem mittels der Rückführung der Staatsausgaben, so wird hier der Erhalt der Höhe der staatlichen Ausgaben, wenn nicht gar ihre Erhöhung angestrebt. Wird auf der einen Seite die Kommission nicht müde, zur Einhaltung des Stabilitätspaktes den Euroländern die Verminderung ihrer Staatsausgaben für soziale Leistungen zu empfehlen, so sollen nun mit einem vergleichbaren Mechanismus diese Ausgaben möglichst hoch gehalten werden, allerdings mit dem kleinen Unterschied, dass diese Gelder der europäischen Rüstungsindustrie zugute kommen. Da passt es ins Bild, dass nun auch der sozialdemokratische Verteidigungsminister Struck die von der konservativen französischen und der italienischen Berlusconi-Regierung geforderte Herausnahme der Rüstungsausgaben aus der nach den Maastricht-Kriterien gesetzten Obergrenze für Verschuldung unterstützt.[49] Mit Art. I-40 hat die Verpflichtung zur Aufrüstung jetzt im Vertragsentwurf sogar Verfassungsrang erlangt. Dort heißt es: »Die Mitgliedstaaten verpflichten sich, ihre militärischen Fähigkeiten schrittweise zu erhöhen.«

Die Bedeutung eines solchen Amtes für Rüstung kann kaum überschätzt werden. Der aus Monopolunternehmen, vornehmlich Großbritanniens, Frankreichs und Deutschlands, bestehende europäische militärisch-industrielle Komplex erreicht damit ein wichtiges Ziel. Noch vor vier Jahren schrieb die Frankfurter Allgemeine Zeitung aus Anlass eines deutsch-französischen Gipfels in Toulouse, dem Sitz der Airbus-Industrie, bedauernd: »Das Vorhaben, die größten Rüstungsunternehmen Europas in einer europäischen Rüstungsagentur zu vereinen, ist bislang jedoch nicht vorangekommen.«[50] Dank der Arbeit des Konvents ist dieses Ziel nun in greifbare Nähe gerückt.

Wenn nun auch noch aus linksliberaler Sicht der Gründung des

Rüstungsamtes mit dem Argument der Kostenersparnis aufgrund der dadurch möglichen Zusammenlegung von Beschaffungsprogrammen das Wort geredet wird, so ist dies entweder naiv oder blauäugig.[51] Eine solche Kostenreduzierung, sollte sie denn jemals stattfinden, würde schon durch die Tatsache mehr als aufgehoben werden, dass es von nun an eine europäische Behörde gibt, die einen konzentrierten und permanenten Druck zur Aufrechterhaltung und zur Erhöhung der nationalen Verteidigungshaushalte ausüben wird. Es ist daher damit zu rechnen, dass aus dieser neuen Behörde des Ministerrates ein beständiger Strom von Mitteilungen, Planungen, Expertisen und Empfehlungen fließen wird, in denen Lücken und Rückstände bei den nationalen Rüstungen aufgedeckt werden. Sie wird wieder und wieder auf die im Vergleich sehr viel höheren Ausgaben in den USA verweisen. Von ihr werden die von der Industrie ersonnenen Modernisierungs- und Nachfolgeprogramme für die Rüstung angepriesen werden, und sie wird gemeinsame europäische Programme eigenständig vorbereiten. Denn all dies wird in Zukunft offiziell zu den Aufgaben dieses Amtes gehören.[52] Mit seiner Hilfe können die Öffentlichkeiten und nicht zuletzt die Parlamentarier der Mitgliedsländer noch ausdauernder als bisher schon bearbeitet werden, endlich höheren Rüstungsausgaben zuzustimmen.

Die Einrichtung des Europäischen Amtes für Rüstung, Forschung und militärische Fähigkeiten ist Teil der Bemühungen zur Herstellung eines europäischen Marktes für Rüstungsgüter. Dabei ist es aus Sicht der Kommission »von entscheidender Bedeutung, dass die Nachteile beseitigt werden, die den europäischen Unternehmen gegenüber ihren Konkurrenten, insbesondere aus den USA, daraus erwachsen, dass es für den Bereich Verteidigungsgüter keine einheitliche Regelung auf EU-Ebene gibt, sondern nur einzelstaatliche Regelungen. Hinsichtlich des Zugangs zu Drittlandsmärkten führt die Tatsache, dass dieses Problem im Allgemeinen auf Ebene der einzelnen Mitgliedstaaten angegangen wird, dazu, dass Europa hier einen Großteil seiner Verhandlungsstärke einbüßt.«[53] Mit anderen Worten: Die in einzelnen Staaten, u.a. auch in Deutschland, noch geltenden relativ hohen ethischen Standards beim Export von Rüstungsgütern sind für ein erfolgreiches Vorgehen der europäischen Rüstungsindustrie lästig. Durch eine Europäisierung der

Entscheidungsprozesse könnten diese Standards im Interesse der Industrie eingeebnet werden. Dazu passt, dass der grüne bundesdeutsche Außenminister in einem Ergänzungsantrag zu Art. III-212 forderte dass das Amt für Rüstung auch »an der schrittweisen Schaffung einer europäischen Rüstungspolitik und an der Entwicklung eines wettbewerbsfähigen europäischen Marktes für Rüstungsgüter mitwirken« solle.

Ein Schritt zur Militarisierung Europas

Das Ergebnis der Konventsarbeit im Bereich Außen- und Sicherheitspolitik stellt einen Kompromiss zwischen den beiden großen Lagern in der Union dar, wie sie sich im Konflikt um den Irakkrieg formierten. Die am Beginn der Beratungen vorgelegten deutsch-französischen Vorschläge ließen sich daher nur zum Teil durchsetzen. Es soll zwar einen Außenminister geben, doch seine Initiativen müssen auf einen entsprechenden Auftrag des Europäischen Rates zurückgehen. Im Ministerrat wird es zwar die Möglichkeit für Abstimmungen mit qualifizierten Mehrheiten in außenpolitischen Fragen geben, doch bleiben sie an einstimmig gefasste Beschlüsse des Europäischen Rates als Grundlage gebunden.

Die vom Konvent unterbreiteten Vorschläge werden die Union kaum in die Lage versetzen, in außenpolitischen Fragen »mit einer Stimme sprechen« zu können. Auch in Zukunft wird es jene ominöse »eine Telefonnummer« nicht geben, mit der die berühmte Frage von Henry Kissinger beantwortet werden könnte, wen er denn anrufen müsse, wenn er etwas über die europäische Außenpolitik erfahren wolle. Hierfür wäre zumindest die Durchsetzung des Prinzips der Abstimmung mit qualifizierter Mehrheit im Ministerrat auch über außenpolitische Fragen als generelle Regelung nötig gewesen. Das wollten aber genau jene EU-Länder nicht, die ihre außen- und sicherheitspolitischen Interessen heute an der Seite der USA bestens aufgehoben sehen. Auch ein zukünftiger europäischer Außenminister wird an dieser Uneinigkeit nicht viel ändern können.

In den Fragen, in denen die beiden europäischen Lager jedoch gemeinsame Interessen haben, wie etwa bei der forcierten Aufstellung einer europäischen Eingreiftruppe, vor allem aber bei der Einrichtung eines europäischen Amtes für Rüstung, erzielten sie mit den Konventsvorschlägen entscheidende »Fortschritte«. Insofern führen die Empfehlungen ohne Zweifel zu einer weiteren Militarisierung der Europäischen Union.

Die Diskussion im Konvent über die europäische Außen- und Sicherheitspolitik wurde von vielen Teilnehmern unter dem Aspekt der Emanzipation Europas von den USA geführt. Doch mit der von ihnen aus diesem Grund angestrebten Stärkung der militärischen Komponente werden sie dieses Ziel nicht erreichen, »nicht zuletzt, weil dadurch die Rolle des militärischen Faktors in den internationalen Beziehungen weiter aufgewertet wird. Letzteres wird die Position der einzig verbliebenen Supermacht USA eher stärken.«[54]

Der Mangel an demokratischer Kontrolle und fehlender Transparenz stellt auch in der europäischen Außen- und Sicherheitspolitik ein ungelöstes Problem dar. Bereits im nationalstaatlichen Rahmen ist die Außenpolitik traditionell ein exklusives Recht der Regierung, in der die parlamentarische Kontrolle nur sehr schwach ausgebildet ist, und dies gilt erst Recht für die Europäische Union. Wer überwacht eigentlich die Arbeit des bereits bestehenden politischen und sicherheitspolitischen Komitees der EU? Wem ist der zukünftige Außenminister bei Entscheidungen über verteidigungspolitische Fragen verantwortlich? Auch das vorgesehene Amt für Rüstung bleibt auf diese Art sich selbst überlassen. Sein Handeln unterliegt nicht einmal der Kontrolle durch den Europäischen Gerichtshof.[55] In der Außen- und Sicherheitspolitik führen zukünftig 25 Regierungen gleichzeitig Aufsicht, was nichts anderes heißt, als dass diese Politik faktisch keiner effektiven Kontrolle unterworfen ist. Der Ministerrat legt auch alleine das Verfahren fest, »um den schnellen Zugriff auf die Haushaltsmittel der Union« in der Außen- und Verteidigungspolitik zu gewährleisten.[56]

Die Rolle des Europäischen Parlaments in der Außen- und Sicherheitspolitik soll hingegen eine überaus bescheidene bleiben. Nach Art. III-205 soll sie sich auf seine Unterrichtung bzw. Anhörung beschränken. Nicht einmal bei dem Beschluss über die Errichtung des Rüstungsamtes soll dem Parlament ein Mitspracherecht eingeräumt werden.[57]

2. Europa – Raum von Freiheit, Sicherheit und Recht?

Nach Valéry Giscard d'Estaing sollte der Konvent »mit Gründergeist auch bei der Schaffung einheitlichen Rechts zur effizienten Kriminalitätsbekämpfung und Sicherung der Bürgerrechte vorgehen«.[58] Er verwies dabei auf Umfragen von Eurostat, wonach die übergroße Mehrheit der europäischen Bürgerinnen und Bürger sich ein koordiniertes Vorgehen der EU im Bereich der inneren Sicherheit wünscht.[59] Bereits in der Erklärung von Laeken beriefen sich die Staats- und Regierungschefs auf diesen Willen der Bürgerinnen und Bürger: »Das Bild eines demokratischen und weltweit engagierten Europas entspricht genau dem, was der Bürger will. Oftmals hat er zu erkennen gegeben, dass er für die Union eine gewichtigere Rolle auf den Gebieten der Justiz und der Sicherheit, der Bekämpfung der grenzüberschreitenden Kriminalität, der Eindämmung der Migrationsströme, der Aufnahme von Asylsuchenden und Flüchtlingen aus fernen Konfliktgebieten wünscht.«[60] Und selbst der jeder weiteren Integration skeptisch gegenüberstehende britische Außenminister Jack Straw sah in der Innen- und Rechtspolitik Handlungsbedarf: »Ich glaube sogar, dass wir der Kommission auf manchen Gebieten eine stärkere Rolle bei der Anregung von Gesetzen geben sollten. Zum Beispiel in der Asylpolitik. Deutschland und Großbritannien, die zwei Länder in Europa mit der größten Zahl von Asylbewerbern, haben beide ein starkes nationales Interesse an rascheren und konsequenteren transnationalen Regeln und Verfahren, die überall in Europa gelten. Dazu kann es nur kommen, wenn wir der Kommission mehr Kompetenzen auf diesem Feld geben – und wenn im Ministerrat häufiger mit qualifizierter Mehrheit abgestimmt wird.«[61]

Zur Entstehung einer europäischen Innen- und Rechtspolitik

Die europäische Zusammenarbeit in der Innen- und Rechtspolitik ist ein Ergebnis des Willens zur Schaffung des Binnenmarktes. Mit dem Vertrag von Maastricht fand sie Eingang in die Vertragstexte. Die

Anfänge der europäischen Zusammenarbeit in der Innen- und Rechtspolitik reichen aber sehr viel weiter zurück. Bereits Ende 1975 beschloss der Rat in Rom unter dem Eindruck von Anschlägen palästinensischer Gruppen und im Hinblick auf die Bekämpfung der RAF in der Bundesrepublik sowie der italienischen Roten Brigaden die Einrichtung eines gemeinsamen Gremiums für Fragen der »Inneren Sicherheit und öffentlichen Ordnung«. Im Juni 1976 wurde das »Arbeitsprogramm zur Verbesserung der Zusammenarbeit im Bereich Innere Sicherheit TREVI«[62] ins Leben gerufen. Es diente der Weitergabe von Informationen, der gegenseitigen Unterstützung beim Kampf gegen den Terrorismus, der Übermittlung technischer Erfahrungen sowie dem Austausch von Polizeibeamten und war Grundlage für die Zusammenarbeit in Ausbildungsfragen, bei der Flugverkehrssicherung, im Nuklearbereich sowie bei Natur- und Brandkatastrophen. Die TREVI-Gruppen sollten Keimzellen sowohl für die spätere »Europäische Kriminalpolizeiliche Zentralstelle« (Europol) als auch für das Schengener Abkommen sein.

Mit dem 1990 geschlossenen Schengener Durchführungsabkommen wurden Fragen der Grenzkontrollen beim Personenverkehr geregelt, denn Flexibilisierung und Liberalisierung des Binnenmarktes erforderten auch eine erleichterte grenzüberschreitende Mobilität der Bürgerinnen und Bürger. Anfangs gehörten dieser Schengen-Gruppe nur die Benelux-Staaten Belgien, die Niederlande und Luxemburg sowie Frankreich und Deutschland an.[63] Das Abkommen blieb daher auch zunächst außerhalb der europäischen Verträge angesiedelt. Im Laufe der Jahre kamen jedoch immer mehr EU-Länder hinzu und mit dem Amsterdamer Vertrag von 1997 wurde das Abkommen als »Schengen-Besitzstand« Teil der Verträge.

Das in Maastricht entwickelte Verfahren der bloßen Regierungszusammenarbeit im sogenannten Dritten Pfeiler erwies sich bald als untauglich für die Herausbildung einer effektiven Innen- und Rechtspolitik der Union. Da die Initiative zur Formulierung gemeinsamer Standpunkte den Mitgliedstaaten allein überlassen war, fühlte sich niemand so Recht verantwortlich.[64] Es rächte sich nun, dass die europäischen Staats- und Regierungschefs bei der Aushandlung dieses Teils des

Maastrichter Vertrages Rücksicht auf die Bedenken des seinerzeitigen britischen Premierministers John Major genommen und die Innen- und Rechtspolitik außerhalb der vergemeinschafteten Politik belassen hatten.

Mit dem Vertrag von Amsterdam wurde daher 1997 dieses unpraktikable Verfahren wenigstens zum Teil aufgegeben. Die Bereiche Einwanderung, Asyl, Kontrollen an den Außen- und Binnengrenzen, Visumspolitik und die justizielle Zusammenarbeit in Zivilsachen wurden aus der dritten Säule in die erste verlagert, d.h. sie wurden vergemeinschaftet. Diese Bereiche bilden seitdem den Titel IV (Art. 61 bis 69) des EG-Vertrages und umfassen etwa Maßnahmen in bezug auf die Kontrollen an den Binnen- und Außengrenzen. Im Asylbereich kann der Ministerrat seitdem Kriterien und Verfahren zur Bestimmung des Asylprüfungsverfahrens, von Mindestnormen für die Aufnahme von Asylbewerbern und für die Anerkennung von Staatsangehörigen dritter Länder als Flüchtlinge beschließen. Auch Maßnahmen zur Bekämpfung der illegalen Einwanderung gehören dazu. Zum Bereich der justiziellen Zusammenarbeit in Zivilsachen zählen die Angelegenheiten mit grenzüberschreitenden Bezügen. Das Initiativrecht für diese Maßnahmen liegt seitdem gleichermaßen bei der Kommission als auch bei den Mitgliedstaaten. Das Europäische Parlament besitzt hingegen auch hier nur ein Anhörungsrecht und die Beschlussfassung im Ministerrat erfolgt in der Regel einstimmig.

In der dritten Säule, d.h. innerhalb der bloßen Regierungszusammenarbeit, verblieben die polizeiliche und justizielle Zusammenarbeit in Strafsachen und die Zusammenarbeit von Polizeibehörden und anderen Behörden, worunter vor allem die Bestimmungen zur Einschaltung von Europol fallen. Auch Beschlussfassungen über gemeinsame Strafrechtsnormen und über die Art und Höhe von Strafen gehören weiterhin in die dritte Säule.

Die Politik der Europäischen Union im Bereich der Innen- und Rechtspolitik ist daher von dem verwirrenden Nebeneinander zweier Verfahrensweisen gekennzeichnet. Durch das in beiden geltende Erfordernis der Einstimmigkeit im Ministerrat blieben die erreichten Ergebnisse weit hinter den gesteckten Zielen zurück.[65] Die demokratische

Kontrolle und die Möglichkeit der Einflussnahme durch das Europäische Parlament sind dabei völlig unzureichend. So war es nicht verwunderlich, dass die mangelnden Fortschritte im Innen- und Rechtsbereich Gegenstand vielfältiger Kritik im Europäischen Konvent waren: »Auch wenn Fortschritte erzielt wurden, so sind viele der Ansicht, dass es der Zusammenarbeit im justiziellen Bereich an einer umfassenden Kohärenz mangelt: es werden nacheinander verschiedene Maßnahmen getroffen, die nicht auf einem Gesamtkonzept beruhen; die Aufteilung auf die erste und dritte Säule stellt eine weitere Schwierigkeit dar. Schließlich sind die erzielten Fortschritte, wie manche meinen, für den Bürger nur schwer wahrzunehmen.«[66] Auch der Europäische Rat zeigte sich im Dezember 2001 in Laeken unzufrieden. Er stellte fest, »dass zwar gewisse Fortschritte erzielt wurden, es jedoch neuer Impulse und Leitlinien bedarf, um die in bestimmten Bereichen eingetretenen Verzögerungen aufzuholen.«

Die Bedrohung durch den internationalen Terrorismus

Die Konventsberatungen im Bereich Inneres und Recht standen vollständig unter dem Eindruck des Kampfes gegen den internationalen Terrorismus. Vergleichbar mit den Beratungen in den Konventsarbeitsgruppen »Verteidigung« und »Außenpolitik« bildeten auch hier die Ereignisse des 11. September 2001 eine enorme Schubkraft zur Durchsetzung von Positionen, deren Annahme noch vor wenigen Jahren kaum vorstellbar gewesen wäre. Damit wurde im Konvent an die Ausrichtung der europäischen Innen- und Rechtspolitik der letzten zwei Jahre angeknüpft. Im Schlussbericht der zuständigen Arbeitsgruppe hieß es über diesen Zeitraum: »Im Rahmen der dritten Säule haben die Attentate vom 11. September unmittelbar zu einer beschleunigten Annahme einiger grundlegender Maßnahmen geführt, wie insbesondere des Europäischen Haftbefehls und des Rahmenbeschlusses zur Terrorismusbekämpfung.«[67] Und: »In der Öffentlichkeit hat die Besorgnis seit den Ereignissen vom 11. September 2001 und den in jüngster Zeit vom internationalen Terrorismus ausgehenden Bedrohungen erheblich zugenommen.«[68] So stellte der Kampf gegen den Terrorismus gleichsam die Matrix für die von der Arbeitsgruppe vorgeschlagenen Maßnahmen zur Verbesserung der Koordinierung und der operativen Zusammenarbeit dar, sowohl bei der Kriminalitätsbekämpfung in den Mitgliedsstaaten als auch bei der Überwachung der Außengrenzen der Union.

Europol, Eurojust und eine europäische Staatsanwaltschaft

Europol erhielt im Kampf gegen den Terrorismus eine deutliche Aufwertung und mehr Befugnisse. Bereits wenige Wochen nach dem 11. September konnte der Direktor von Europol über die Aktivitäten seiner Behörde zur Terrorismusbekämpfung folgendermaßen zitiert werden: »Die rechtlichen Voraussetzungen würden geschaffen, sehr schnell und unbürokratisch, manchmal halte ihn das politische Tempo wirklich in Atem, es sei kaum nachzukommen in der politischen Umsetzung. (...) Was bei Europol entstehe, entstehe noch recht langsam, aber es sei ein erster Keim für eine europäische Zusammenarbeit bei der Bekämpfung des Terrorismus. Die Anwesenden seien sich wohl genauso darüber bewusst, dass die derzeitige Situation nicht innerhalb von einigen Monaten geregelt werden könne. Dafür bräuchte man fünf oder mehr Jahre. Da werde Europol mehr und mehr eine Rolle spielen.«[69]

Nach Art. III-177 soll nun Europol, wie auch die Europäische Stelle für justizielle Zusammenarbeit (Eurojust)[70], beide zusammengefasst unter dem nicht näher definierten Begriff der »Unionseinrichtung«, EU-Behörde werden. Zukünftig soll der Ministerrat mit qualifizierter Mehrheit über Fragen des Aufbaus dieser Behörde entscheiden. Gegenwärtig sind Struktur und Aufgabenbereich von Europol in einer Konvention geregelt, die nur von den daran beteiligten Staaten nach vorhergehender Befassung durch ihre nationalen Parlamente änderbar ist. Dies folgt aus dem Umstand, dass Europol, trotz seiner Erwähnung in Artikel 30 EUV gegenwärtig noch immer eine Einrichtung der beteiligten Mitgliedsländer ist. Die dort arbeitenden Beamten unterstehen nur dem jeweiligen Dienstrecht der sie entsendenden Länder. Das heißt, obwohl die Aufgaben der Behörde im EU-Vertrag geregelt sind, werden sie von Beamten ausgeführt, die allein den Entsendestaaten gegenüber verantwortlich sind.[71] Die Konstruktion von Europol ist daher eine beispiellos kuriose und rechtsstaatlich bedenkliche Vermischung von auf europäischer Ebene festgelegten Zuständigkeiten mit nationaler Kontrolle ihrer Ausübung.[72]

Das Europäische Parlament kritisierte in der Vergangenheit wiederholt scharf mit jeweils fraktionsübergreifend angenommenen Beschlüssen diesen Zustand.[73] Doch auch in Zukunft wird sich daran nicht viel ändern. Denn in Artikel III-177 Abs. 2 des Konventsentwurfs heißt es nun: »Durch Europäische Gesetze werden die Modalitäten für die Kontrolle der Tätigkeiten von Europol durch das Europäische Parlament festgelegt, an der die nationalen Parlamente der Mitgliedstaaten beteiligt werden.« Man darf gespannt sein, wie diese Konstruktion einer Doppelkontrolle durch das Europäische Parlament und durch die nationalen Parlamente konkret aussehen wird. Dass das Europäische Parlament hier überhaupt zum ersten mal als Kontrolleur von Europol genannt wird, ist immerhin ein Fortschritt.

Durch die vom Konvent vorgeschlagene Übertragung des Rechts der Definition von Struktur und Arbeitsweise von Europol auf die europäische Ebene werden Änderungen in diesen Fragen zukünftig schneller und reibungsloser möglich sein. Allerdings werden dann auch die nationalen Parlamente nicht mehr bei jeder Änderung der Aufgabenstellung von Europol gefragt sein.[74] Einen Rahmen für die Neufassung des Tätigkeitsbereichs hat der Konvent mit der Formulierung von Art. III-177 Abs. 2 bereits vorgelegt. Er orientierte sich dabei an einem Vorschlag der Konventsarbeitsgruppe: »Aus Sicht der Gruppe sollte nicht versucht werden, die ausführliche Beschreibung der Aufgaben von Europol in Art. 30 EUV – die in gewisser Weise jetzt schon überholt sind – auf den neuesten Stand zu bringen; vielmehr sollte stattdessen eine kürzere und allgemeinere Bestimmung über Europol in den neuen Vertrag übernommen werden.« Und ungewöhnlich offen wird als Begründung dafür angeführt: »Diese (vorgeschlagene neue) Bestimmung würde eine Rechtsgrundlage enthalten, die dem Gesetzgeber einen größeren Spielraum für die Ausdehnung und Zuständigkeiten von Europol einräumt.«[75] Damit wurde ausgesprochen, worum es der Mehrheit der Gruppenmitglieder eigentlich ging. Je allgemeiner ein Eingriffstatbestand nämlich definiert ist, je unbestimmter und daher größer ist sein Anwendungsspielraum und um so geringer sind auch die Möglichkeiten der gerichtlichen Kontrolle. Der gegenwärtig geltende Art. 30 Abs. 2 EUV über »die polizeiliche Zusammenarbeit im Bereich Europol« war in seiner Detailliertheit den Arbeitsgruppenmitgliedern zu speziell, generellen Ermächtigungen gab man demgegenüber den Vorzug.

Auch die erst im April 2003 ins Leben gerufene Europäische Stelle für justizielle Zusammenarbeit (Eurojust) ist eine Behörde, die sich aus von den Mitgliedstaaten entsandten Beamten – in diesem Fall Staatsanwälten, Richtern und Polizeibeamten – zusammensetzt.[76] Nach Art. III-174 Abs. 1 hat Eurojust »den Auftrag, die Koordinierung und Zusammenarbeit zwischen den nationalen Behörden zu unterstützen und zu verstärken, die für die Verfolgung von schwerer Kriminalität zuständig sind, wenn zwei oder mehrere Mitgliedstaaten betroffen sind oder eine Verfolgung auf gemeinsamer Grundlage erforderlich ist, es stützt sich dabei auf die von den Behörden der Mitgliedstaaten und von Europol durchgeführten Operationen und gelieferten Informationen.« Hinsichtlich der Kontrolle von Eurojust ergeben sich die gleichen Probleme wie bei Europol. Auch hier ist vorgesehen, die Bewertung der Arbeit von Eurojust gemeinsam durch das Europäische Parlament und durch die nationalen Parlamente vornehmen zu lassen. Womöglich werden sich bald auch die Beamten von Eurojust, wie es bereits jetzt schon die von Europol tun, bei Verstößen auf die jeweilige nationale Dienstaufsicht herausreden können. Die europäische Ebene ist in diesen Fällen regelmäßig machtlos.[77]

Da Eurojust aber nur ein Koordinationsgremium ist, das keine eigenen Ermittlungen führen kann, wurde die Idee einer europäischen Staatsanwaltschaft in die Konventsberatungen hineingetragen. Eine solche europäische Staatsanwaltschaft »kann zur Bekämpfung von schwerer Kriminalität mit grenzüberschreitender Dimension sowie von Straftaten zum Nachteil der Union« geschaffen werden. Obwohl die

Konventsarbeitsgruppe in ihrer Empfehlung »einzig zu diesem Punkt keine auf einem Konsens beruhende Empfehlung ausgesprochen hatte«[78] und die Einrichtung einer solchen Staatsanwaltschaft in der Konventssitzung zum Innen- und Rechtsbereich am 6. Dezember 2002 von einer Vielzahl von Rednern abgelehnt wurde und bis zum Schluss der Konventsberatungen äußerst umstritten blieb, fand sich dieser Vorschlag am Ende dennoch als Art. III-175 im Konventsvorschlag wieder. Der Grund für diese erstaunliche Überlebensfähigkeit eines mehrfach durchgefallenen Vorschlags dürfte wohl darin liegen, dass die Idee gemeinsam von Deutschland und Frankreich hartnäckig vertreten wurde. Sie war bereits in dem gemeinsamen Vorschlag enthalten, den die Außenminister Frankreichs und Deutschlands, de Villepin und Fischer, am 27. November 2002 dem Konvent unterbreitet hatten.[79] Und die Frankfurter Allgemeine meldete am 30. April 2003: »Im EU-Reformkonvent gibt es Überlegungen, Eurojust zu einer ›europäischen Staatsanwaltschaft‹ auszubauen, die selbst Ermittlungen führen und die Strafverfolgung grenzüberschreitender Verbrechen vor einzelstaatlichen Gerichten in die Wege leiten sollen. In diesem Sinne hatten sich vergangenen Monat Bundesjustizministerin Zypries und ihr französischer Kollege Perben geäußert.« Und wäre es nach dem grünen Bundesaußenminister Fischer gegangen, dann hätte man das kleine Wort »kann« in Art. III-175 gestrichen und die rechtsstaatlich äußerst bedenkliche europäische Staatsanwaltschaft als zwingende Bestimmung in den Verfassungsvertrag hineingeschrieben. Sein dazu eingebrachter Änderungsantrag wurde jedoch nicht berücksichtigt.

Ein europäisches Innenministerium?

Angeregt von Praktikern, insbesondere aus den Reihen von Europolbeamten, unterbreitete die Konventsarbeitsgruppe Vorschläge für eine verstärkte Koordinierung der operativen Zusammenarbeit der nationalen Sicherheitsdienste und Behörden: »Die laufenden Bemühungen der Union um eine Koordinierung und operative Zusammenarbeit könnten im Interesse größerer Zuverlässigkeit und Effizienz besser organisiert werden. (...) Die Gruppe schlägt daher vor, im Rat eine effizientere Struktur für die Koordinierung der operativen Zusammenarbeit auf Ebene hochrangiger Fachleute zu schaffen. Hierzu könnten verschiedene bereits bestehende Gruppen verschmolzen und die ständige Aufgabe des ›Ausschusses Artikel 36‹[80] im neuen Vertrag neu definiert werden; dieser Ausschuss sollte künftig weniger an der Rechtsetzungsarbeit des Rates mitwirken, sondern sich vielmehr darauf konzentrieren, die operative Zusammenarbeit zu koordinieren. Auch sollte eingehender geprüft werden, wie die Task Force der Polizeichefs am besten in diese Arbeit eingebunden werden könnte. Eine solche reformierte Struktur [ein solcher Ausschuss] im Rat könnte die technische Aufgabe übernehmen, das gesamte Spektrum der operativen Maßnahmen in den Bereichen Polizei und Sicherheit (u.a. polizeiliche Zusammenarbeit, Erkundungsmissionen, Förderung der Zusammenarbeit zwischen Europol und Eurojust, gegenseitige Bewertung, Zivilschutz) zu koordinieren und zu überwachen.«[81]

In der Begründung des Präsidiums des Konvents für die Einrichtung dieses Gremiums wurde sehr offen ausgesprochen, um was es geht: »Die Abschaffung der Säulen wird hier eine Anwendung finden, die von allen in der Praxis Tätigen gewünscht wird, die darauf hinweisen, dass die Zusammenarbeit ein umfangreicheres Feld als die reinen Polizeiaspekte abdecken muss, um die innere Sicherheit gewährleisten zu können. Die Folgen der Anschläge vom 11. September haben gezeigt, wie wichtig eine Mobilisierung aller Dienste und eine übergreifende Zusammenarbeit sind.«[82]

Ausgehend von einer neuen Aufgabenzuweisung soll demnach der »Ausschuss Artikel 36« die Keimzelle für ein umfassendes Koordinationsgremium des Rates im Bereich der inneren Sicherheit werden, das als quasi übergeordnete Behörde alle bestehenden Einrichtungen der Union, wie Europol, Eurojust, die Anwendung des Schengen Durchführungsabkommens, die Zollbehörden und den Zivilschutz koordinieren soll. Auf nationalstaatlicher Behörde ist dies aber ziemlich exakt das Aufgabenfeld, das gewöhnlich von einem Innenministerium abgedeckt wird. In einer Stellungnahme zu den Vorschlägen der Arbeitsgruppe hat daher Tony Bunyan von der britischen Nichtregierungsorganisation

Statewatch angemerkt: »Da haben wir es, ein ständiges Komitee von Beamten wird von Brüssel aus sowohl die Polizei- und Sicherheitsarbeit in der ganzen EU dirigieren, wie auch, so heißt es an anderer Stelle, die Verwaltung der Außengrenzen übernehmen. (...) Unterstützt durch den großen Personalstab der Generaldirektion H des Generalsekretariats des Europäischen Rats wird der neue Artikel 36-Ausschuss vermutlich zu dem Dreh- und Angelpunkt der EU-weiten operativen Entscheidungen und Umsetzungsmaßnahmen in den Bereichen Polizeiarbeit, Innere Sicherheit und Verwaltung der Außengrenzen werden (einschließlich einer Europäischen Grenzpolizei). Der Ausschuss wird über informelle Kontakte zu den vielfältigsten Ad-hoc-Gruppen, informellen und nicht rechenschaftspflichtigen Foren auf EU- und internationaler Ebene verfügen. Der Ausschuss könnte daher sehr wohl zum De-facto-Innenministerium der EU werden, das die Anwendung jeglicher Form von Zwang im werdenden EU-Staatsgebilde überwacht.«[83]

Und es sei hier noch einmal angemerkt, dass dieses Koordinationsgremium allein durch einen Beschluss des Ministerrates und lediglich nach Anhörung des Europäischen Parlaments eingerichtet werden kann. Von einer gerichtlichen Kontrolle seiner Tätigkeit durch den Europäischen Gerichtshof ist dabei nicht die Rede. Der Ministerrat kann damit die gesetzlichen Grundlagen für ein Gremium schaffen, dessen Arbeit er anschließend alleine kontrolliert. Wie in vielen anderen Angelegenheiten, wäre er somit auch hier Legislative und Exekutive in einem. Das liberal-demokratische Modell der Gewaltenteilung wäre einmal mehr ad-absurdum geführt. Doch offensichtlich war dies für die Mehrheit der Arbeitsgruppenmitglieder kein Problem. In ihrem Bericht mahnten sie lediglich eine bessere Unterscheidung der verschiedenen Tätigkeiten des Rates an. »Die laufenden Bemühungen der Union um eine Koordinierung und operative Zusammenarbeit könnten im Interesse größerer Zuverlässigkeit und Effizienz besser organisiert werden. Dabei sollte deutlicher unterschieden werden, ob der Ministerrat als Gesetzgeber tätig wird oder ob er besondere exekutive Aufgaben in diesem Bereich wahrnimmt.«[84]

Die justizielle Zusammenarbeit

Die Schaffung eines »Raumes der Freiheit, der Sicherheit und des Rechts« kann auf zweierlei Wege erreicht werden. Der eine besteht darin, schrittweise die Gesetze der Mitgliedstaaten zu harmonisieren, um auf diesem Wege allmählich zu einem gemeinsamen Besitzstand materiellen Rechts zu kommen. Die andere Möglichkeit besteht in der wechselseitigen Anerkennung der jeweiligen gerichtlichen Entscheidungen der Mitgliedstaaten.

Die Harmonisierung nationaler Gesetze ist aber ein mühseliger Weg, da die verschiedenen Rechtsordnungen der Mitgliedstaaten nicht selten erheblich voneinander abweichen. Zudem kann der Ministerrat in diesen Fragen immer nur einstimmig entscheiden. Seit dem Ratstreffen von Tampere im Oktober 1999 sind deshalb nur wenige solcher Harmonisierungen beschlossen worden. Die wichtigsten Entscheidungen waren die Rahmenbeschlüsse zum Kampf gegen die Geldwäsche und zur Terrorismusbekämpfung.[85]

Gemeinsame materielle Regelungen sollen in der Union nach dem Willen des Konvents zukünftig vor allem in den Bereichen Asyl und Einwanderung sowie bei der Personenkontrolle an den Grenzen und in Visafragen geschaffen werden. Aufgrund der Nähe zu dem durch den Binnenmarkt garantierten freien Personenverkehr gehören diese Fragen bereits jetzt als Titel IV des EG-Vertrages zum vergemeinschafteten Teil (erste Säule) der Innen- und Rechtspolitik. Aufgrund des Zwangs zur Einstimmigkeit im Rat und nicht zuletzt aufgrund der wiederholt von deutscher Seite angedrohten Verweigerung ist man allerdings bei der Schaffung der angestrebten »gemeinsamen Asyl- und Einwanderungspolitik« nicht über erste, allgemeine Regelungen hinausgekommen. Diese deutsche Blockadehaltung wirkte sich auch auf die Konventsarbeit aus. In buchstäblich letzter Minute war es deutschen Konventsmitgliedern parteiübergreifend gelungen, in Art. III-168 zur Einwanderung die Festschreibung der nationalen Zuständigkeit für den Zugang zum Arbeitsmarkt zu erreichen.[86]

Gemeinsames materielles Strafrecht soll nach Art. III-172 in Form von »Mindestvorschriften von Straftaten und Strafen im Bereich besonders schwerer Kriminalitätsformen mit grenzüberschreitender Dimension festgelegt werden«. Als solche schweren Straftaten werden genannt: »Terrorismus, Menschenhandel und sexuelle Ausbeutung von Frauen und Kindern, illegaler Drogenhandel, illegaler Waffenhandel, Geldwäsche, Korruption, Fälschung von Zahlungsmitteln, Computerkriminalität und organisierte Kriminalität.« Durch einstimmigen Beschluss des Ministerrates und nach Zustimmung des Europäischen Parlaments können darüber hinaus weitere Kriminalitätsformen hinzugenommen werden.

Gegenseitige Anerkennung von Urteilen statt gemeinsamen Rechts

Vor dem Hintergrund der komplizierten und langwierigen Verhandlungen bei der Schaffung gemeinsamen Rechts entschied man sich 1999 auf der Ratstagung in Tampere, einen anderen Weg als den der Angleichung materiellen Rechts zu gehen. Eckpfeiler der justiziellen Kooperation auf zivil- und strafrechtlicher Ebene sollte die wechselseitige Anerkennung der jeweiligen gerichtlichen Entscheidungen der Mitgliedstaaten sein. Und dabei ist man insbesondere mit dem »Rahmenbeschluss über den Europäischen Haftbefehl und die Übergabeverfahren zwischen den Mitgliedstaaten«[87] einen großen Schritt vorangekommen. In der bereits zitierten Bilanz des Sekretariats zum erreichten Stand der Innen- und Rechtspolitik heißt es: »Tatsächliche Fortschritte konnten in diesem Bereich (dem der justiziellen Zusammenarbeit) insbesondere durch die Anerkennung von Entscheidungen in Zivilsachen gemacht werden, durch die der freie Verkehr der Gerichtsurteile und -entscheidungen ermöglicht wurde. Im Rahmen der dritten Säule haben die Attentate vom 11. September unmittelbar zu einer beschleunigten Annahme einiger grundlegender Maßnahmen geführt, wie insbesondere des Europäischen Haftbefehls oder des Rahmenbeschlusses zur Terrorismusbekämpfung«.[88]

Auch die in Laeken versammelten Staats- und Regierungschefs hatten gefordert, »die Anstrengungen zur Überwindung der durch die unterschiedlichen Rechtsordnungen bedingten Schwierigkeiten fortzusetzen, insbesondere durch Förderung der Anerkennung gerichtlicher Entscheidungen im zivil- und strafrechtlichen Bereich«.[89] Dem entsprach die Konventsarbeitsgruppe: »Nach der Vereinbarung, die in Tampere auf politischer Ebene getroffen wurde, sollte der Grundsatz der gegenseitigen Anerkennung, demzufolge Entscheidungen der Gerichte eines Mitgliedstaats von den Behörden der anderen Mitgliedstaaten anerkannt werden, zum Eckstein der justiziellen Zusammenarbeit werden. Die Gruppe empfiehlt, diesen Grundsatz der gegenseitigen Anerkennung gerichtlicher Entscheidungen förmlich im Vertrag zu verankern.«[90]

Diesem Rat folgte der Konvent. In Art. III-170 heißt es: »Die Union entwickelt eine justizielle Zusammenarbeit in Zivilsachen mit grenzüberschreitendem Bezug, die auf dem Grundsatz der gegenseitigen Anerkennung gerichtlicher und außergerichtlicher Entscheidungen basiert.« Und hinsichtlich der Zusammenarbeit in Strafsachen lautet die Formulierung am Beginn des Art. III- 171: »Die justizielle Zusammenarbeit in Strafsachen basiert auf dem Grundsatz der gegenseitigen Anerkennung gerichtlicher Urteile und Entscheidungen.«

Mit diesen beiden Artikeln werden gleichzeitig die Rechtsgrundlagen für zu erlassende Maßnahmen geschaffen, die die reibungslose Abwicklung der Verfahren, die Zusammenarbeit bei der Erhebung von Beweismitteln, die Weiterbildung von Richtern und Staatsanwälten und die Definition der Rechte des Einzelnen im Strafverfahren und vergleichbare Dinge regeln sollen. Damit sollen die Akzeptanz für die gegenseitige Anerkennung gerichtlicher Entscheidungen und das gegenseitige Vertrauen erhöht werden. Man entsprach damit einer Forderung der Arbeitsgruppe, wonach, »um die gegenseitige Anerkennung zu erleichtern, (...) unter Einhaltung der unterschiedlichen europäischen Rechtstraditionen (...) einige Teile des Strafprozessrechts sowie bestimmte Bereiche des materiellen Strafrechts in gewissem Maße angenähert werden sollen«.[91] Besondere Bedeutung kommt dabei dem in Art. III-177 vorgesehenen Erlass von Mindestvorschriften für »die Zulässigkeit von Beweismitteln auf gegenseitiger Basis zwischen den Mitgliedstaaten der gesamten Union« zu. Diese Formulierung war im

Konvent umstritten und wurde erst aufgrund von Änderungsänderungen enger gefasst. Als Begründung für die Einschränkung wurde vom Konventspräsidium angeführt, »dass mit dieser Bestimmung zwar darauf abgezielt wird, Mindestvorschriften zur Zulässigkeit von Beweismitteln zu erlassen, keineswegs aber die Zulässigkeit oder die Bewertung von Beweismitteln harmonisiert werden soll, die vollständig und ausschließlich Sache der einzelstaatlichen Richter ist«.[92]

Diese Argumentation beleuchtet schlaglichtartig die ganze Problematik, die entsteht, wenn bei der Schaffung eines »Raumes der Freiheit, der Sicherheit und des Rechts« in erster Line auf die gegenseitige Anerkennung gerichtlicher Entscheidungen gesetzt wird. »Während eine Harmonisierung der nationalen Gesetzgebung die Vorrangstellung des Rechts in den zwischenstaatlichen Beziehungen stärkt, unterstreicht die gegenseitige Anerkennung von Gerichtsurteilen, dass man den Verfahrensregeln den Vorrang gegenüber der inhaltlichen Rechtsprechung gibt. Statt die Vereinheitlichung der Strafgesetzbücher anzustreben, ermöglicht die zweite Option die Schaffung eines juridischen Raumes, der die Disparitäten zwischen den einzelnen Strafrechtssystemen bestehen lässt.«[93] Über diese Disparitäten wird jedoch zugunsten einer möglichst effizienten Zusammenarbeit zwischen den Behörden hinweggegangen. Dieses Vorgehen steht aber im Widerspruch zu den Regeln der Rechtsstaatlichkeit und Rechtssicherheit, denn in einem demokratischen Gemeinwesen wächst gegenseitiges Vertrauen erst auf Grund gemeinsamer materieller wie formeller Rechtsnormen, die in einem demokratischen und transparenten Rechtssetzungsverfahren erlassen werden. Setzt man hingegen an die Stelle eines solchen, sicherlich sehr mühsamen, da zeitraubenden Verfahrens einfach die gegenseitige Anerkennung von Entscheidungen, die auf Grundlage unterschiedlich bleibender nationaler Rechtsordnungen zustande kommen, so setzt man an die Stelle des Prinzips der Rechtsstaatlichkeit den abstrakten und unsicheren Begriff des »gegenseitigen Vertrauens«.

Der Europäische Haftbefehl als Vorbild

Mit dem Rahmenbeschluss des Ministerrates vom 13. Juni 2002 über den »Europäischen Haftbefehl und die Übergabeverfahren zwischen den Mitgliedstaaten« ist das Prinzip der gegenseitigen Anerkennung von Justizentscheidungen zum ersten Mal angewandt worden. Ein Prinzip, das nach dem Willen des Konvents auch in Zukunft die Grundlage für die justiziellen Zusammenarbeit sowohl in Zivil- als auch Strafsachen sein soll. In den Erwägungsgründen des Rahmenbeschlusses vom Juni 2002 heißt es: »Der Europäische Haftbefehl im Sinne des vorliegenden Rahmenbeschlusses stellt im strafrechtlichen Bereich die erste konkrete Verwirklichung des vom Europäischen Rat als ›Eckstein‹ der justiziellen Zusammenarbeit qualifizierten Prinzips der gegenseitigen Anerkennung dar.«[94]

Am europäischen Haftbefehl wird der Mangel an Rechtssicherheit bei der gegenseitigen Anerkennung von Gerichtsentscheidungen gut erkennbar. Der Haftbefehl umfasst insgesamt 32 Straftatbestände, die mindestens eine Strafe von drei Jahren nach sich ziehen. »Im herkömmlichen Auslieferungsverfahren bezieht sich die justizielle Kontrolle auf den Tatbestand sowie auf die Gesetzmäßigkeit des Antrags. Im Falle des europäischen Haftbefehls bezieht sie sich nur noch auf die formale Korrektheit des Dokuments. Die Initiative der Mitgliedstaaten hatte genau diese beiden Ziele: den automatischen Vollzug der Auslieferung und die Aufgabe des Überprüfungsverfahrens. Zudem braucht der Forderstaat beim europäischen Haftbefehl – im Gegensatz zum Auslieferungsantrag, wo der Verdächtige nur aufgrund der angegebenen Delikte verfolgt werden kann – den seinem Auslieferungsbegehren zugrunde liegenden Straftatbestand nicht näher darzulegen.«[95] Dies führt zu dem Ergebnis, dass »die zwingende Auslieferung also nicht mehr auf den bestehenden Mechanismen zur Kontrolle staatlicher Machtausübung (beruht), sondern auf der Annahme, dass diese Machtausübung legal erfolgte.«[96]

Die Durchsetzung einer so weitreichenden Regelung innerhalb von lediglich zehn Monaten ist nur vor dem Hintergrund der allgemein geschürten Terroristenhysterie nach den Ereignissen des 11. September zu verstehen. So wurde der Kommissionsvorschlag für einen Rahmenbeschluss über einen europäischen Haftbefehl bereits am 19. September 2001, also nur acht Tage nach dem Anschlag, zusammen mit dem Vorschlag für einen Rahmenbeschluss zur Terrorismusbekämpfung, vorgelegt. Beide Vorschläge wurden anschließend, zusammengeschnürt in einem Paket, in einem beispiellosen Eiltempo durch die europäischen Gremien gejagt.[97]

Einwände gegen die rechtsstaatlich bedenkliche Konstruktion des europäischen Haftbefehls beschränkten sich zunächst auf solche kleiner Expertengruppen. Von ihnen wurde etwa kritisiert, dass es gegenwärtig keine europäische Verständigung über die erforderlichen prozessualen Begleitgesetze gibt. »Im Einzelnen müssen der Zugang zur Gerichtsbarkeit (Prozesskostenhilfe), kompetente rechtliche Vertretung, die Kommunikation, d.h. ein kompetenter Übersetzer- und Dolmetscherservice, die Schaffung der Möglichkeit der vorläufigen Freilassung, um Diskriminierung von Ausländern zu verhindern, die Überprüfung von bestimmten Verfahrenspraktiken, die zu ungerechten Gerichtsentscheidungen führen, eingerichtet werden.«[98] Diese vereinzelten kritischen Stimmen blieben bei der Verabschiedung des europäischen Haftbefehls aber weitgehend unbeachtet.[99]

»A first class job«

Die Arbeit des Konvents im Bereich der Innen- und Rechtspolitik verlief weitgehend unspektakulär und blieb fast vollständig außerhalb des Rampenlichts medialer Aufmerksamkeit. Hier prallten weder gegensätzliche Interessen von Nationalstaaten, wie etwa in der Außenpolitik, unversöhnlich aufeinander, noch musste über Fragen der zukünftigen institutionellen europäischen Architektur entschieden werden. Bereits mit dem von der Konventsarbeitsgruppe »Freiheit, Sicherheit und Recht« Anfang Dezember 2002 vorgelegten Schlussbericht war für die übergroße Mehrheit der Mitglieder ausgemacht, dass der Konvent mit seinen Vorschlägen auf dem im Amsterdamer Vertrag 1997 und vom Ratstreffen von Tampere im Oktober 1999 vorgezeichneten

Weg weiter voranschreiten werde. Auch stand von Beginn an fest, dass die Aufteilung der Innen- und Rechtspolitik in einen vergemeinschafteten (erste Säule) und einen intergouvermentalen Bereich (dritte Säule) aufgehoben wird. Von der Zeitung »European Voice« wurde denn auch die weitgehend lautlose und zugleich effektive Konventsarbeit im Bereich Inneres und Recht mit dem Satz »they have done a first class job«[100] gewürdigt.

3. Es bleibt bei einem neoliberalen Europa

»Acht Monate nach der Einsetzung des Konvents sind wir beunruhigt über die Richtung, die die Diskussionen nehmen. Die Frage, auf welche Weise die neue Verfassung der Europäischen Union die Solidarität fördern, Grundrechte wie den Zugang zu Universaldiensten von allgemeinem Interesse, Bildung und Gesundheitsfürsorge gewährleisten kann und die ökologische wie auch die soziale Dimension mit der Wirtschaftspolitik gleichgestellt werden, wird sträflich vernachlässigt.« Dies waren die ersten Sätze einer gemeinsamen Erklärung vor allem von Abgeordneten des Europäischen Parlaments, worin der Konvent im Oktober 2002 aufgefordert wurde, »die Diskussionen erneut auf die Frage auszurichten, wie die Rechtsgrundlage für Zusammenarbeit und gemeinsame politische Strategien im Bereich der Sozial- und der Umweltpolitik auf europäischer Ebene gestärkt werden kann«.[101] Initiatoren waren einige wenige Mitglieder des Konvents, insbesondere aus der Gruppe der Europaabgeordneten.[102] Die deutschen sozialdemokratischen Konventsmitglieder, Klaus Hänsch und seinerzeit Peter Glotz, fanden es hingegen nicht für nötig, den Aufruf wenigstens mit zu unterstützen.[103]

Diese ungewöhnliche Initiative, mit Hilfe einer Unterschriftenliste auf eine Korrektur der Ausrichtung des Konvents zu drängen, war die Antwort auf die Gleichgültigkeit und Ignoranz, mit der das Präsidium auf die wiederholt vorgebrachten Forderungen nach einer stärkeren Berücksichtigung der sozialen Dimension in der Konventsarbeit reagiert hatte. Eine eigenständige Behandlung sozialer Fragen war in seiner Arbeitsplanung ursprünglich gar nicht vorgesehen gewesen.

Sozialpolitische Themen sollten allein von der Konventsarbeitsgruppe VI »Economic Governance«, auf deutsch etwas missverständlich »Ordnungspolitik« genannt, unter Leitung von Klaus Hänsch behandelt werden. Das Mandat dieser Gruppe war zudem auf die Themen »Währungs- und Wirtschaftspolitik und institutionelle Fragen« beschränkt worden. Nicht dazu gehören sollten die Überprüfung der Ziele und Werte der Union sowie die Beschäftigungspolitik und die öffentliche Daseinsvorsorge. Zur Enttäuschung vieler plädierte die Arbeitsgruppe in ihrem Abschlussbericht selbst bei den wenigen Fragen, die sie überhaupt behandeln sollte, im wesentlichen dafür, alles beim Alten zu belassen.[104] Bei der Beratung des Berichts in der Konventsdebatte am 7. November 2002 bestand daher Einigkeit, dass das vorgelegte Ergebnis äußerst mager ausgefallen und in keiner Weise zureichend sei. Dies stimmte denn auch die Mehrheit geneigter, der Initiative zur Einsetzung einer weiteren Arbeitsgruppe unter der programmatischen Überschrift »Soziales Europa« zuzustimmen. Deren Mandat umfasste sowohl die Überarbeitung und Ergänzung der Ziele und Werte der Union in der Wirtschafts-, Sozial- und Beschäftigungspolitik als auch die mögliche Erweiterung ihrer Zuständigkeiten. Ausdrücklich Stellung genommen werden sollte zur zukünftigen Rolle der offenen Koordinationsmethode, zur Erweiterung der Beschlussfassung mit qualifizierter Mehrheit in diesem Bereich und zur Rolle der Sozialpartner.[105]

Die Lissabon-Strategie

Es ging um die Frage, wie die sogenannte »Lissabon-Strategie« im Verfassungsvertrag berücksichtigt werden könnte. Auf der Tagung des Europäischen Rats 2000 in Lissabon war für die zukünftige Wirtschafts-, Beschäftigungs- und Sozialpolitik der Union das Ziel formuliert worden, mit der EU die »wettbewerbsfähigste, wissensbasierte Wirtschaft der Welt mit Vollbeschäftigung bis 2010 mit mehr und besseren Arbeitsplätzen und gestärktem sozialem Zusammenhalt« zu schaffen. Diese Strategie »beruht auf der Idee eines gleichschenkligen Dreiecks, das von den kohärent abgestimmten Seiten der Wirtschafts-, Beschäftigungs- und Sozialpolitik gebildet wird.«[106]

Die Lissabon-Strategie wurde auf dem Höhepunkt sozialdemokratischen Einflusses in Europa formuliert und stellt den Versuch dar, den Dritten Weg Tony Blairs und Gerhard Schröders auf europäische Verhältnisse zu übertragen und damit eine sozialdemokratische Variante der Globalisierung zu kreieren. »Ein Kernelement sind ›Strukturreformen im Europäischen Binnenmarkt‹ in der Absicht, die Güter- Dienstleistungs- und Arbeitsmärkte weiter zu flexibilisieren und zu deregulieren.«[107] Dies soll sowohl mit Hilfe weiterer Privatisierungen öffentlicher Unternehmen als auch mit der verstärkten Förderung neuer Technologien (Gentechnik, Nanotechnologie) und der Schaffung günstiger Bedingungen für Unternehmensneugründungen (Bereitstellung von Risikokapital) geschehen. In der Beschäftigungs- und Sozialpolitik tritt in der Lissabon-Strategie unter der Überschrift des aktivierenden Sozialstaats an die Stelle der herkömmlichen Absicherung sozialer Risiken bei den Beschäftigten ihre Aktivierung durch ihnen auferlegte neue Pflichten, versehen mit der Androhung von Sanktionen bei ihrer Nichtbefolgung.

Von einer Gruppe sozialdemokratischer Mitglieder des Konvents war ein Positionspapier unter der Überschrift »Das Europa, das wir brauchen – Mindestanforderungen an einen neuen Föderalismus« vorgelegt worden, in dem u.a. gefordert wurde, sich in der Verfassung positiv auf den Lissabon-Prozess zu beziehen: »Die Verfassung sollte eine horizontale Klausel enthalten, die die soziale Dimension der Unionspolitiken stärker betont. Klarere Kompetenzen (wie zum Beispiel auf dem Gebiet Gesundheitsschutz, Arbeitnehmerrechte) müssen es den EU-Institutionen ermöglichen, konkrete Initiativen auf europäischer Ebene, einschließlich der Steuerharmonisierung, zu entwickeln. Dies bedeutet auch, dass die Charta der Grundrechte mit ihrer starken Verpflichtung auf soziale Rechte ein für die Bürger klar sichtbarer Teil der Europäischen Verfassung werden muss. Um das Versprechen zu erfüllen, Europa in den wettbewerbsfähigsten wissensbasierten Wirtschaftsraum der Welt zu verwandeln, muss die Lissabon-Strategie in der

Verfassung verankert werden, und der Währungsunion muss als Gegengewicht eine effektive wirtschaftliche und soziale Ordnungspolitik gegenüberstehen, die auf einer starken Handlungsfähigkeit der europäischen Ebene basiert, ausgehend von der Eurozone.«[108]

Es gab hingegen nur vereinzelte Stimmen, die für eine grundlegende Umorientierung der europäischen Politik, hin zu einer integrierten europäischen Nachhaltigkeitsstrategie eintraten. So wurde gefordert: »An die Stelle kurzfristiger Renditeorientierung muss die soziale und ökologische Nachhaltigkeit wirtschaftlicher Entwicklung treten. Die breite Entwicklung der Masseneinkommen und soziale Absicherung sowohl in der Arbeit als auch über die Arbeit hinaus dürfen nicht länger nur als Kosten angesehen werden, die es zu minimieren gilt. Sie sind vielmehr positive Zielsetzung und zugleich Bedingung ökonomischer Entwicklung. Die Konzeption eines sozialen Europas greift emanzipatorisch die europäischen sozial- und wohlfahrtsstaatlichen Traditionen auf und macht sie zur Grundlage gerade auch ihres wirtschaftlichen Entwicklungsmodells. Es geht um eine Gestaltung des Wirtschaftslebens, die den Vorrang der Verbesserung der Lebensqualität der Bevölkerung und der Sicherung der sozialen und ökologischen Integrität ihrer Lebensverhältnisse mit wirtschaftlicher Effizienz, hochwertigen Produkten und Dienstleistungen sowie umweltgerechter Innovation verbindet.«[109]

Die Koordinierung von Beschäftigungs- und Sozialpolitik

Für die Befürworter der Verankerung der Lissabon-Strategie im Verfassungsvertrag stellt die Einfügung des Art. I-14 zur »Koordinierung der Wirtschafts- und Beschäftigungspolitik« in den Zuständigkeitskatalog der Union einen gewissen Erfolg dar, auch wenn hier das Ziel der Nachhaltigkeit, das seit dem Europäischen Rat in Göteborg Teil der Lissabonstrategie ist, nicht aufgenommen wurde. Neu hinzugekommen ist mit dem Artikel I-14 die Möglichkeit der Union, »Initiativen zur Koordinierung der Sozialpolitik der Mitgliedstaaten zu ergreifen«. In den konkreten dritten Teil des Vertrages, in dem die konkreten Politikinhalte der Union beschrieben werden, ist aber von den Zielstellungen der Lissabon-Strategie nichts mehr eingegangen. Hier bleibt es bei der unveränderten wirtschaftsliberalen Ausrichtung.

Die in Art. I-14 beschriebene Koordinierung der Wirtschafts- und Beschäftigungspolitik ist jedoch für die Union keineswegs neu. Bereits in den Grundzügen der Römischen Verträge von 1957 war davon in Artikel 6 die Rede: »Die Mitgliedstaaten koordinieren in enger Zusammenarbeit mit den Organen der Gemeinschaft ihre Wirtschaftspolitik, soweit dies zur Erreichung der Ziele dieses Vertrages erforderlich ist.« Doch erst die breite Unzufriedenheit mit der Untätigkeit der Union angesichts anhaltend hoher Arbeitslosigkeit in nahezu allen ihren Mitgliedstaaten hatte in den neunziger Jahren zur Aufnahme des Beschäftigungskapitels geführt, mit der eine koordinierte Beschäftigungs- und Arbeitsmarktpolitik erreicht werden soll. Zugleich wurden 1997 in Amsterdam die bis dahin im sogenannten Sozialprotokoll zum Maastrichter Vertrag enthaltenen Regelungen über die Sozialpolitik vollständig in den EG-Vertrag integriert.

Neoliberale Kritiker sehen in diesen Koordinierungsaufgaben der Union die Gefahr »einer Aushöhlung der Rechtssysteme, die erkennen lassen, welche Arbeitsmarktregeln beschäftigungsfördernd seien und welche nicht«.[110] Und in aller Offenheit wird vor einer Schwächung des Standortwettbewerbs gewarnt: »Das Beschäftigungskapitel des Amsterdamer Vertrages hat leider davon abgelenkt, dass die Europäer den Standortwettbewerb nur dann bestehen können, wenn sie Land für Land und Betrieb für Betrieb ihre Kosten senken und mit mehr Beweglichkeit auf die globalen Herausforderungen reagieren.«[111] Von der nun vorgesehenen Ausweitung der Koordinierung auf die Sozialpolitik wird befürchtet, dass »der Wettbewerb zwischen den unterschiedlichen Sozialsystemen verhindert wird.«[112] Diese Ängste dürften allerdings weitgehend unbegründet sein, da die bisher auf europäischer Ebene angewandte Koordination der Beschäftigungspolitik durchaus mit Sozialabbau vereinbar war. Überall dort, wo die Methode der offenen Koordination seitdem angewandt wird, hatte dies stets den Abbau von Schutzrechten, Deregulierung und Marktöffnung zur Folge. Durch entsprechende Leitlinienentwürfe gibt die Europäische Kommission regelmäßig den Takt vor. Sie formuliert kurz-, mittel- und langfristige Ziele und legt fest, wie und in welchem Zeitraum sie umzusetzen sind. Mit Hilfe von Förderprogrammen unterstützt die Kommission als vorbildlich angesehene »bewährte Praktiken« und macht sie durch Mitteilungen allgemein bekannt. Die Mitgliedstaaten wiederum erstellen Umsetzungs- und Aktionsprogramme, mit denen sie angeben, wie sie diese Vorgaben unter Berücksichtigung ihrer nationalstaatlichen Bedingungen verwirklichen wollen. Schließlich entwickelt die Kommission in jedem einzelnen Feld Überwachungs- und Bewertungsverfahren, mit denen sie die Erreichung der vorgegebenen Ziele in den Mitgliedsländern kontrolliert.

Im Konvent gab es an von Anfang an eine große Bereitschaft, die Methode der offenen Koordination als eine sanfte Art gemeinschaftlicher Politikgestaltung auf weitere Bereiche auszuweiten. In der Konventsarbeitgruppe V, »Ergänzende Kompetenzen«, war die Methode als »gegenseitiges Feedback für die Planung, Prüfung, den Vergleich und die Anpassung der (Sozial-) Politik der EU-Mitgliedstaaten auf der Grundlage gemeinsamer Ziele« ausdrücklich empfohlen worden.[113] Über ihren bisherigen Anwendungsbereiche hinaus soll nach dem Vertragsentwurf die Methode der offenen Koordination nun auch im Gesundheitswesen (Art. III-179), der Industrie (Art. III-180) sowie der Forschung und technologischen Entwicklung (Art. III-148) genutzt werden können.

Diese Entwicklung wird aber auch sehr kritisch gesehen: »Mit der Anwendung des neuen Koordinierungsverfahrens soll ein Transformationsprozess des Europäischen Sozialmodells in Gang gesetzt werden, an dessen Ende ein wettbewerbs- und marktverträgliches Modell stehen soll. Dies erfordert auf nationalstaatlicher Ebene den ›Rückbau‹ insbesondere der marktkorrigierenden Komponenten des Wohlfahrtsstaates«[114]. Im Ergebnis zielt das »neue europäische Sozialmodell in erster Linie auf Kostensenkung, Leistungsabbau und Privatisierung sozialer Risiken, um die EU-Wirtschaft ›wettbewerbsfähiger‹ zu machen. Im Gegensatz zu den hehren Beteuerungen der EU-Amts- und Würdenträger würde es damit dem angloamerikanischen Modell des ›schwachen Sozialstaats‹ immer ähnlicher«[115].

Die Unterordnung der Beschäftigungspolitik unter die Wirtschaftspolitik

Bei der Koordinierung der Beschäftigungspolitik soll nicht daran gerüttelt werden, dass sie, wie bereits jetzt nach Art. 126 EGV, auch zukünftig gemäß Art. III-98 im Einklang mit den Grundzügen der Wirtschaftspolitik stehen muss. Diese Grundzüge werden aufgrund der Bestimmungen zur Wirtschaftspolitik nach Art. 98 – 104 EGV und zukünftig nach Art. III-69-77 erlassen, und sind allein dem »Grundsatz einer offenen Marktwirtschaft mit freiem Wettbewerb verpflichtet«.

Diese Unterordnung unter die liberalen Zielsetzungen der europäischen Wirtschaftspolitik blockiert jede sozialstaatliche Veränderung der Union. In einer Analyse heißt es: »Wer eine Sozialunion will, wer Vollbeschäftigung in Europa will (...), darf daher die derzeitige makroökonomische Grundausrichtung der EU nicht unverändert lassen, die für die mangelnde Flexibilität der EU-Wirtschaftspolitik verantwortlich ist. Diese ist wiederum das Ergebnis einer politisch gewollten institutionellen Ausgestaltung bzw. Machtverteilung zwischen den Institutionen und mangelnder Abstimmung zwischen den Akteuren: Die Geldpolitik ist durch den EU-Vertrag primär auf das Ziel der Preisstabilität festgelegt. (...) Sie kann also gar nicht anders, als der Inflationsbekämpfung Vorrang vor der Wachstumsstimulierung zu geben. Dazu kommt ihr demokratiepolitisches Defizit. Die Budgetpolitik befindet sich im Korsett des Stabilitäts- und Wachstumspakts, der die Mitgliedstaaten verpflichtet, ihre Budgetpolitik am vereinbarten Ziel auszurichten. Aus diesem Grund kann die Verantwortung für die Wachstumsentwicklung nicht ausreichend wahrgenommen werden. Mehr noch: Die EU verlangt neuerdings von jenen Ländern, die dieses Ziel nicht erreichen, eine jährliche Verbesserung des strukturellen Defizits um 0,5 Prozent des Bruttoinlandprodukts, was de facto eine Verschärfung des Stabilitätspakts bedeutet und in den betroffenen Mitgliedstaaten zu den Abschwung verstärkenden Sparpaketen führen wird. Die Beschäftigungspolitik muss mit den Grundzügen der Wirtschaftspolitik im Einklang stehen, ist also primär auf weitere Flexibilisierung der Arbeitsmärkte ausgerichtet.«[116] Und die Analyse kommt zu folgendem Schluss: »Hier liegen die wahren Defizite der EU: Aufgrund dieser in den Verträgen festgelegten makroökonomischen Grundausrichtung wird es kaum möglich sein, die Lissabonner Beschäftigungsziele zu erreichen bzw. Vollbeschäftigung herzustellen. (...) Eine Politik für Vollbeschäftigung und Wachstum erfordert primärrechtliche Änderungen. Es geht darum, das Ziel der Vollbeschäftigung im zukünftigen Vertrag zu verankern und die Wirtschafts- und Währungspolitik vertraglich darauf auszurichten.«[117] Und auch vom DGB wird kritisiert, dass »die vorrangige Ausrichtung des Europäischen Systems der Zentralbanken auf die Preisstabilität vor Wachstum und Beschäftigung erhalten bleibt«.[118]

Neue Werte und Ziele

Die Arbeitsgruppe »Soziales Europa« beschäftigte sich ausgiebig mit der Frage, welche neuen Werte und Ziele in den Verfassungsvertrag aufgenommen werden sollten. In ihrem Abschlussbericht handeln allein mehr als sechs Seiten davon. Von den dort vorgeschlagenen neuen Werten »soziale Gerechtigkeit, Solidarität und Gleichheit, insbesondere die Gleichstellung von Männern und Frauen«[119] fand am Ende aber nur der Wert der Gleichheit Eingang in den Artikel I-2.

Für die künftigen Ziele der Union hatte die Arbeitsgruppe gleich einen ganzen Katalog präsentiert. Danach sollten Berücksichtigung finden: »Vollbeschäftigung, soziale Gerechtigkeit, sozialer Frieden, nachhaltige Entwicklung, wirtschaftlicher und sozialer Zusammenhalt, soziale Marktwirtschaft, Qualität der Arbeit, lebenslanges Lernen, soziale Eingliederung, ein hohes Maß an sozialem Schutz, Gleichstellung von Männern und Frauen, Rechte des Kindes, ein hohes Maß an Gesundheitsschutz sowie effiziente und hochwertige Sozialdienste und Leistungen der Daseinsfürsorge.«[120] Einiges davon ist in die Formulierung des Art. I-3 eingegangen. Er soll nun lauten: »Die Union strebt die nachhaltige Entwicklung Europas auf der Grundlage eines ausgewogenen Wirtschaftswachstums an, eine in hohem Maße wettbewerbsfähige soziale Marktwirtschaft, die auf Vollbeschäftigung und sozialen Fortschritt abzielt, sowie ein hohes Maß an Umweltschutz und Verbesserung der Lebensqualität. Sie fördert den wissenschaftlichen und technischen Fortschritt. Sie bekämpft soziale Ausgrenzung und Diskriminierungen und fördert soziale Gerechtigkeit und sozialen Schutz, die Gleichstellung von Frauen und Männern, die Solidarität zwischen den Generationen und den Schutz der Rechte des Kindes. Sie fördert den wirtschaftlichen, sozialen und territorialen Zusammenhalt und die Solidarität zwischen den Mitgliedstaaten.« Ohne Zweifel ist der Konvent damit um einiges über die gegenwärtig geltende Formulierung des Art. 2 EGV hinausgegangen. Die Aufnahme der Zielbestimmung »soziale Marktwirtschaft« erfolgte dabei erst aufgrund einer erneuten Intervention jener Gruppe von Konventsmitgliedern, die bereits die Einrichtung der Arbeitsgruppe »Soziales Europa« durchgesetzt hatte.[121]

Neu ist auch die Forderung nach Vollbeschäftigung, die an die Stelle des »Strebens nach einem hohen Beschäftigungsniveau« im gegenwärtigen Art. 2 EGV treten soll. Doch vor dem Hintergrund der in den letzten Jahren versuchten Neudefinition des sozialen Inhalts von Vollbeschäftigung stellt sich die Frage, ob dieser Begriff heute noch die ursprüngliche, fortschrittliche Aussage enthält, oder ob mit Vollbeschäftigung nicht schon längst etwas ganz anderes gemeint ist. Verdächtig ist, dass nun auch die europäischen Konservativen und die britische Labour-Regierung nichts mehr gegen die Aufnahme dieser Forderung einzuwenden hatten. Dort wird ganz offensichtlich unter Vollbeschäftigung etwas ganz anderes verstanden als die Bereitstellung sinnvoller, rechtlich gesicherter Arbeit für alle. Konservative und Labour werden wohl eher an die Definition von Vollbeschäftigung aus den »Grundzügen der Wirtschaftspolitik der Mitgliedstaaten und der Gemeinschaft 2000« gedacht haben. Danach wird die Zielstellung der Vollbeschäftigung einer Politik untergeordnet, die »ohne Rücksicht auf die Bedingungen jede und jeden in Beschäftigung bringen will, um Wachstum und internationale Wettbewerbsfähigkeit zu stärken. Entsprechend werden Erfolgsmaßstäbe und ›benchmarks‹ zugeschnitten: Eine Person mit zwei Stunden bezahlter Arbeit in einer bestimmten Woche erscheint in den Statistiken als beschäftigt, und eine offizielle Rate von 4-5 Prozent registrierter Arbeitslosigkeit wird als Vollbeschäftigung bezeichnet. (...) Vollbeschäftigung ist in der ›Neuen Ökonomie‹ mit Sozialabbau vereinbar; mehr noch: Sozialabbau wird als Weg in die Vollbeschäftigung in der Neuen Ökonomie gesehen.«[122] Doch trotz dieser problematischen Interpretation stellt schon allein die Tatsache, dass das Ziel der Vollbeschäftigung überhaupt in den Verfassungsvertrag aufgenommen wurde, einen gewissen Erfolg dar, denn als Verfassungstext kann dieses Ziel in einer veränderten politischen Situation durchaus auch mit einem anderen, progressiven Inhalt versehen werden.

Ähnlich verhält es sich mit dem Ziel, »eine soziale Marktwirtschaft in Europa anzustreben« (Art. I-3). Dies ist ohne Zweifel mehr als die gegenwärtig im Vertrag enthaltene Forderung nach einem »hohen Grad von Wettbewerbsfähigkeit« (Art. 2 EGV). Nur wird der Begriff der sozialen Marktwirtschaft in den politischen Öffentlichkeiten der Mitgliedsländer sehr unterschiedlich interpretiert. Für die Bundesrepublik ist er eng mit der Durchsetzung der kapitalistischen Wirtschaftsordnung im Zuge der Restauration Nachkriegsdeutschlands und dabei mit den Namen der ordoliberalen Politiker Ludwig Erhard und Walter Eucken verbunden. Nicht ohne Grund nimmt die CDU auch heute noch diesen Begriff für sich in Beschlag, indem sie etwa eine »Neue Soziale Marktwirtschaft« propagiert.[123] In anderen Mitgliedsländern aber, z.B. in Großbritannien, wird demgegenüber die Forderung nach einer sozialen Marktwirtschaft fast schon als eine sozialistische Provokation angesehen. Auch hier gilt, dass der Begriff für verschiedene Interpretationen letztlich offen ist.

Im Unterschied zum geltenden Vertrag wird nicht mehr ein »nicht-inflationäres Wachstum«, sondern ein »ausgewogenes Wirtschaftswachstum« als Ziel genannt. Auch wird in Art. I-3 nicht mehr die Preisstabilität erwähnt, obgleich das Ziel eines »nicht-inflationären Wachstums« im Art. I-29 über die Europäische Zentralbank und vor allem im konkreten dritten Teil sehr wohl ausdrücklich aufgeführt wird. Dennoch hat sich die Europäische Zentralbank massiv gegen die vorgesehene Formulierung im Art. I-3 gewandt.[124]

Doch was die Bedeutung dieser Ziele für die reale Politik der EU angeht, so dürfte »die Union bei der Entwicklung ihrer konkreten Politiken im Rahmen ihrer Kompetenzordnung wenig Schwierigkeiten haben, mit dem reichen Arsenal an Zielvorstellungen in Einklang zu bleiben«.[125] Wo im Teil drei des Vertrags die konkreten Politikinhalte beschrieben werden, finden sich eigene Zielbestimmungen, die nach der juristischen Logik den zuvor genannten, allgemeinen vorgehen. So ist etwa im Kapitel Beschäftigung von dem Ziel der Vollbeschäftigung keine Rede mehr. Dort bleibt es bei dem schon jetzt im Vertrag aufgeführten Ziel eines »hohen Beschäftigungsniveaus« (Art. III-99). Und die Wirtschafts- und Währungspolitik beruht dort ausdrücklich auf »dem Grundsatz einer offenen Marktwirtschaft mit freiem Wettbewerb«. Dies ist die Formulierung, die mit dem Vertrag von Maastricht seinerzeit aufgenommen wurde.

Die öffentliche Daseinsvorsorge

Die Konventsarbeitgruppe »Soziales Europa« befasste sich auch mit den Dienstleistungen von allgemeinem Interesse, die auch als öffentliche Daseinsvorsorge bezeichnet werden. Hierbei geht es um die in erster Linie von den Kommunen erbrachten Leistungen im Nahverkehr, bei der Wasserversorgung, der Entwässerung, beim Gesundheitsschutz und bei kulturellen Angeboten, aber auch um den Bestandsschutz für öffentliche Krediteinrichtungen, wie etwa für die Sparkassen oder um die Sicherung der Rundfunkhoheit der Bundesländer. Im Abschlussbericht heißt es: »Eine große Zahl von Mitgliedern (der Arbeitsgruppe) war der Auffassung, dass die allgemeine Zugänglichkeit von Leistungen der Daseinsvorsorge unter den Zielen der Union genannt werden sollte, und wies auf den Zusammenhang mit dem Zugang eines jeden Bürgers zu grundlegenden Dienstleistungen wie Gesundheitsfürsorge und Bildung hin.«

Im EU-Vertrag werden die Dienstleistungen von allgemeinem wirtschaftlichen Interesse als Bestandteil der gemeinsamen Werte der Union zur »Förderung des sozialen und territorialen Zusammenhalts« anerkannt. Nach Artikel 16 EGV tragen die Mitgliedstaaten im Rahmen ihrer Befugnisse dafür Sorge, dass die Grundsätze und Bedingungen für das Funktionieren dieser Dienste so gestaltet sind, dass sie ihren Aufgaben nachkommen können.

Der EG-Vertrag geht hingegen davon aus, dass in der Regel offene und vollständig wettbewerbsorientierte Märkte, gegebenenfalls zusammen mit diskriminierungsfreien staatlichen Regulierungen, diese Daseinsvorsorgeleistungen am besten erbringen. Die aktuelle Gefährdung des Handlungsspielraums und sogar des Bestands öffentlicher Daseinsvorsorge ist daher das Ergebnis ihrer immer stärkeren Unterordnung unter die Bestimmungen des Binnenmarktes, der mit der Verabschiedung der Einheitlichen Europäischen Akte 1986 Kern des europäischen Integrationsprozesses wurde. Im Zuge der Vervollkommnung des Binnenmarktes sollen die noch in vielen Bereichen gewährten staatlichen Beihilfen Schritt um Schritt als wettbewerbswidrige Zugangshindernisse zum Markt eliminiert werden, um so den »reinen« und »unverfälschten Marktprozessen« den Weg zu ebnen. Die dafür mit dem Vertrag von Maastricht eingefügten Artikel 87-89 EGV gehen von der grundsätzlichen »Unvereinbarkeit von staatlichen Beihilfen mit dem Gemeinsamen Markt« aus, um anschließend in einem Katalog nur einige wenige Ausnahmetatbestände zuzulassen. Die Garantien für die öffentliche Daseinsvorsorge sind nach Art. 86 Abs. 2 EGV als grundsätzlich eng auszulegende Ausnahmen von den EG-Wettbewerbs- und Binnenmarktregeln ausgestaltet. In Anwendung dieser Regeln sieht es die Kommission als ihre Aufgabe an, die bisherigen Strukturen, in denen Daseinsvorsorgeleistungen erbracht werden, dahingehend zu hinterfragen, ob diese Leistungen nicht in der Form des Marktes genauso gut und sicher erbracht werden können. Aufgrund dieser Vertragskonstruktion ist die öffentliche Daseinsvorsorge strukturell eine »bedrohte Zone« geworden, da stets behauptet werden kann, dass die von ihr erbrachten Leistungen im Rahmen der Vervollkommnung des Binnenmarktes in den Formen des Wettbewerbs besser und kostengünstiger gestaltet werden könnten.

Da weite Bereiche dieser Leistungen von der Europäischen Kommission inzwischen in Frage gestellt werden, wenden sich die deutschen Bundesländer und die Kommunen immer wieder gegen diese Bestimmungen.[126] Gemeinsam mit kommunalen Trägern aus anderen Mitgliedsländern geht es ihnen um die Garantie eines dauerhaften Bestandsschutzes für diese Leistungen. In einer von allen Bundesländern getragenen Entschließung heißt es: »Die vertragliche Regelung sollte im Bereich der Daseinsvorsorge gewährleisten:

- Staatliche Leistungen, mit denen die Mehrkosten ausgeglichen werden sollen, die einem mit einer Dienstleistung von allgemeinem wirtschaftlichen Interesse betrauten Unternehmen durch die Erfüllung der ihm übertragenen gemeinwohlorientierten Aufgaben entstehen;
- Beihilfevorschriften sollten auf ›nicht wirtschaftliche‹ Tätigkeiten keine Anwendung finden;
- Die von den Mitgliedstaaten vorgenommene Definition der Daseinsvorsorgeleitungen und die von ihnen zur Aufgabenerfüllung eingesetzten Mittel sollten nur einer Missbrauchkontrolle unterliegen.«[127]

Entgegen den Empfehlungen der Arbeitsgruppe »Soziales Europa« nahm der Konvent den Erhalt und den Ausbau der öffentlichen Daseinsvorsorge aber nicht in die Zielbestimmungen der Union auf. Mit der Formulierung von Art. I-3 Abs. 2 über die Ziele wird der hohe Stellenwert des Wettbewerbs sogar verstärkt: »Die Union bietet ihren Bürgerinnen und Bürgern einen Binnenmarkt mit freiem und unverfälschtem Wettbewerb.« Der geltende Vertrag lautet hingegen: »Die Tätigkeit der Gemeinschaft im Sinne des Artikels 2 umfasst nach Maßgabe dieses Vertrags und der darin vorgesehenen Zeitfolge: einen Binnenmarkt, der durch die Beseitigung der Hindernisse für den freien Waren-, Personen-, Dienstleistungs- und Kapitalverkehr zwischen den Mitgliedstaaten gekennzeichnet ist.« Diese veränderte Zielbestimmung des Verfassungsentwurfs wird von vielen Beobachtern dahingehend interpretiert, dass es zukünftig schwieriger werden wird, die negativen Effekte des Wettbewerbs zu begrenzen.

Im dritten Teil des Vertrages behandelt Art. III-6 die Dienste von allgemeinem wirtschaftlichem Interesse. Dabei wird im wesentlichen der Wortlaut des geltenden Art. 16 EGV wieder aufgenommen. Neu ist aber, dass die »Grundsätze und Bedingungen« für das Funktionieren der Dienste – vor allem jene wirtschaftlicher und finanzieller Art – zukünftig durch Europäische Gesetze bestimmt werden sollen. Damit könnte der Weg eröffnet sein, mit Hilfe eines europäischen Gemeinschaftsrahmens Rechts- und Planungssicherheit für die öffentliche Daseinsvorsorge zu sichern. Fraglich ist nur, ob diese Rahmensetzung auch zu einem Vorrang des öffentlichen Interesses gegenüber dem Markt führt, oder ob umgekehrt Markt und Wettbewerb das öffentliche Interesse dominieren werden. Hier gehen die Meinungen auseinander. Für die einen stellt die künftige Regelung durch Europäische Gesetze einen Fortschritt dar, da man sich von ihr einen Schutz vor weiterer Aushöhlung dieser Dienste verspricht. Nach dem DGB eröffne diese Bestimmung »die Chance, dem Wettbewerbsrecht da Schranken aufzuzeigen, wo es um das Wohl der Bürgerinnen und Bürger der EU geht«.[128] Und vorsichtig optimistisch bewertet die Dienstleistungsgewerkschaft ver.di diese Veränderung: »Dienstleistungen von allgemeinem Interesse bleiben ein Ausnahmetatbestand im Binnenmarkt, der jedoch jetzt gesondert von den Binnenmarktgrenzen geregelt werden kann. Dies könnte den Spielraum für weniger marktorientierte Lösungen politisch erweitern. Es kommt jetzt ganz entscheidend darauf an, ob und wie dieser neue politische Spielraum genutzt wird«.[129] Man wird sehen, ob dieser Optimismus am Ende gerechtfertigt ist.

Im Vorgriff auf die vorgesehene Gesetzgebungskompetenz hat die Kommission bereits ihre Position abgesteckt. Erkennbar ist bereits, dass es ihr nicht darum geht, den Spielraum für weniger marktorientierte Leistungen zu erweitern. Ganz im Gegenteil: »Der Kommission geht es im wesentlichen um Folgendes: Dass die Dienste von allgemeinem wirtschaftlichen Interesse wirksam funktionieren, dass nicht Leistungen als gemeinwirtschaftliche Dienste eingestuft werden, die eigentlich dem nicht gemeinwirtschaftlichen Wettbewerbsrecht zuzurechnen sind und keine gemeinwohlorientierten Ziele verfolgen, dass es dadurch nicht zu Störungen auf den für den Wettbewerb geöffneten, nicht gemeinwirtschaftlichen Märkten kommt.«[130]

Im Konvent bestand allerdings keine Möglichkeit zu diskutieren, ob es überhaupt Sinn hat, diese Dienste zukünftig durch Europäische Gesetze zu regeln. Die Präsidiumsvorschläge zur zukünftigen Ausgestaltung der öffentlichen Daseinsfürsorge wurden erst am 27. Juni 2003 und damit nur wenige Tage vor Abschluss der Arbeiten des Konvents bekannt gemacht.[131] In einer gemeinsamen Stellungnahme des Österreichischen Gemeindebundes und des Deutschen Städte- und Gemeindebundes wurden die »überraschenderweise« vorgelegten Vorschläge zur Zukunft der Daseinsvorsorge entschieden abgelehnt, da sie nicht mit den »bisherigen Diskussionen des Konvents zu diesem Thema übereinstimmen.« Nach Ansicht der beiden Organisationen werde die neue Regelung für die Mitgliedstaaten einen »massiven Eingriff in die Gesetzgebungskompetenz betreffend die Dienste der Daseinsvorsorge bedeuten. (...) Aufgrund der vorgeschlagenen Formulierung des Konventspräsidiums befürchten wir, dass die Grundsätze und Bedingungen der Daseinsvorsorgeleistungen, insbesondere wirtschaftlicher und finanzieller Art, durch Europäische Gesetze festgelegt werden sollen. Dabei entspricht es gerade unserem Verständnis der Subsidiarität, dass die Daseinsvorsorge nach Inhalt, Form und Organisation einschließlich der Finanzierung auf kommunaler, regionaler und nationaler Ebene geregelt und gestaltet wird.«[132]

Lediglich die Debatte selbst war ein Erfolg

Berücksichtigt man die Ausgangslage im Konvent, nach der das Thema Beschäftigungs- und Sozialpolitik dort eigentlich keine größere Rolle spielen sollte, so muss allein schon als Erfolg gewertet werden, dass dies durch die erzwungene Einsetzung der Arbeitsgruppe »Soziales Europa« vereitelt wurde. Dies zählt um so mehr, da die Spitzenvertreter der europäischen Sozialdemokratie im Konvent, wie etwa das deutsche Präsidiumsmitglied Klaus Hänsch und der Vertreter der Bundesregierung, Peter Glotz, offen ihr Desinteresse an diesen Fragen bekundeten. Die erfolgreiche Thematisierung der sozialen Dimension war allein das Verdienst einiger weniger sozialdemokratischer Konventsmitglieder aus Belgien, Österreich, Frankreich und Spanien, die die Debatte, gemeinsam mit der Vertreterin der Vereinten Linken und dem Europaabgeordneten der Grünen, auf die Tagesordnung setzten.

Die Aufmerksamkeit für dieses Thema blieb dennoch sehr begrenzt. Bei einer genauen Auswertung der Debatten im Konvent wird man leicht feststellen können, dass etwa über die Frage des religiösen Bezugs in der Präambel der Verfassung sehr viel ausgiebiger und leidenschaftlicher diskutiert wurde als über die soziale Frage. Und selbst die kleinsten Fortschritte mussten hier gegen erbitterten Widerstand vor allem der britischen und spanischen Regierungsvertreter erstritten werden. Diese Länder wurden dabei aktiv von Konventsmitgliedern aus den Beitrittsländern unterstützt. Insbesondere die Vertreter Polens und der der baltischen Staaten taten sich dabei unrühmlich hervor. In den Konventsberatungen hat sich gezeigt, dass das schon jetzt dominierende neoliberale Lager in der EU durch die Erweiterung weiter gestärkt werden wird.

Trotz mancher von den Verfechtern eines »sozialen Europas« errungenen kleinen Erfolge, etwa bei der Formulierung der Ziele und Werte der Union im ersten Teil des Vertrags, hat sich im Bereich der konkreten Politikausgestaltung des dritten Teils an der neoliberalen Ausrichtung des Verfassungsvertrages letztlich nichts geändert. Doch dass das Ungleichgewicht zu Lasten der sozialen Fragen mehr und mehr zu einem Problem der Weiterentwicklung der europäischen Integration überhaupt wird, das erkennen inzwischen sogar konservative Politiker. So »bedauerte« der luxemburgische Ministerpräsident Jean-Claude Juncker, »dass im Verfassungsentwurf die soziale Frage ungenügend gelöst worden sei«. Nach ihm werde man »in den nächsten Jahren und Jahrzehnten nicht umhinkönnen, einen Mindestsockel an Arbeitnehmerrechten in Europa zu vereinbaren«[133].

Anmerkungen

1 Der Spiegel, a.a.O. S.50.

2 La Convention Européenne, CONV 712/03, Sondage de l' opinion publique concernant la politique et de sécurité commune.

3 Vgl. Art.11 Abs.2 EUV.

4 Unter der Überschrift »Aufruf der Acht« wurde am 30. Januar 2003 in mehreren großen europäischen Zeitungen ein Appell europäischer Staats- und Regierungschefs veröffentlicht, den Vereinigten Staaten in ihrem Vorgehen gegenüber dem Irak beizustehen. Der Aufruf wurde am 31.01.03 auch in der FAZ abgedruckt. Und Tony Blair hat in der Financial Times vom 28. April 2003 unzweideutig klargestellt, wie er die Welt sieht: »I don't want Europe setting itself up in opposition to America. I think it will be dangerous and destabilising«.

5 Die Europäische Sicherheits- und Verteidigungspolitik (ESVP) ist integraler Bestandteil der Gemeinsamen Außen- und Sicherheitspolitik (GASP) der EU. Vertraglich geregelt sind diese Bereiche im Titel V, Art. 11-28 EUV.

6 FAZ vom 03.04.03, Jack Straw, Für ein besseres Europa.

7 Financial Times vom 28.04.03, Gang of Four.

8 Vgl. Bulletin Quotidien Europe Nr. 7358, Brüssel vom 7./8. 12.1998.

9 Vgl. Bulletin Quotidien Europe Nr. 7398, Brüssel vom 5.2.1999.

10 Es war der Widerstand des NATO-Mitglieds Türkei, der für diese Verzögerungen bei den Verhandlungen verantwortlich war. Ankara wollte damit verhindern, dass die Eingreiftruppe der EU und nicht die der NATO in der Balkanregion zum Einsatz kommen konnte. Vgl. dazu: Russland, Europa und die Hegemonie der USA, in: Le Monde diplomatique, Januar 2003.

11 Diese Aufgaben sind benannt nach der Konferenz des Rats der Westeuropäischen Union 1992 auf dem Petersberg bei Bonn.

12 Art.23 EUV lautet: »Beschlüsse nach diesem Titel werden vom Rat einstimmig gefasst.«

13 Schlussbericht der Arbeitsgruppe VIII »Verteidigung«, CONV 461/02, S. 12.

14 Vgl. European Convention, Working Group VIII, Working document 1, p. 8.

15 Schlussbericht der Arbeitsgruppe VIII, a.a.O., S.6.

16 Schlussbericht der Arbeitsgruppe VIII, a.a.O., S.6.

17 Bei der »Mission Concordia« handelt es sich lediglich um den Einsatz von 345 Soldaten. Sie operieren zudem in einem inzwischen befriedeten Land.

18 FAZ vom 17.03.03, Joseph Fischer im Interview.

19 Schlussbericht der Arbeitsgruppe VIII, a.a.O.

20 Vgl. Entschließung des Europäischen Parlaments über die neue europäische Sicherheits- und Verteidigungsarchitektur (Morillon-Bericht, A5-0111/03) vom 10.04.03.

21 Vgl. Mitteilung der Europäischen Kommission an den Rat, das Europäische Parlament, den Europäischen Wirtschafts- und Sozialausschuss und den Ausschuss der Regionen über Europäische Verteidigungs-, Industrie- und Marktaspekte, auf dem Weg zu einer Verteidigungsgüterpolitik der Europäischen Union vom 11.03.2003.

22 CONV 422/02, CONTRIB 150.

23 FAZ vom 24.01.03, Peter Struck und Michèle Alliot-Marie, Gemeinsame Visionen, Verpflichtungen und Interessen.

24 Philipe Morillon war als Armeegeneral 1992-93 Kommandant der Streitkräfte der Vereinten Nationen in Bosnien und anschließend von 1994-96 dort Kommandant der Eingreiftruppen. Er gehörte als Militärexperte der Nationalversammlung an und war Regierungsberater im französischen Verteidigungsministerium.

25 In Art. 23 Abs. 1 EUV wird dieses Verfahren beschrieben: »Beschlüsse nach diesem Titel (Titel V, Bestimmungen über die Gemeinsame Außen- und Sicherheitspolitik) werden vom Rat einstimmig gefasst. Die Stimmenthaltung von anwesenden oder vertretenen Mitgliedern steht dem Zustandekommen dieser Beschlüsse nicht entgegen.«

26 Das Amt des Außenministers soll durch die Zusammenlegung des gegenwärtig beim Rat angesiedelten Amtes des Hohen Vertreters für die Gemeinsame Außen- und Sicherheitspolitik – diese Funktion nimmt zur Zeit der Spanier Javier Solana ein – und des für Außenbeziehungen zuständigen Kommissionsmitglieds entstehen (sogenannte »Doppelhutlösung«).

27 Der erste Satz von Art. III-201 lautet: »Europäische Beschlüsse nach diesem Kapitel werden vom Ministerrat einstimmig erlassen.«

28 So heißt es u.a. etwa in Art. III-201 Abs. 2 a: »Abweichend von Absatz 1 beschließt der Ministerrat mit qualifizierter Mehrheit, wenn er auf der Grundlage eines Europäischen Beschlusses des Europäischen Rates über die strategischen Interessen und Ziele der Union (...) Europäische Beschlüsse über Aktionen oder Standpunkte der Union erlässt.«

29 Vgl. Art. III-201 Abs. 2, b.

30 Vgl. CONV 422/02, CONTRIB 150, S.4f.

31 Bei der Festlegung des Termins des Brüsseler Treffens handelte sich denn auch um »ein bewusstes Signal an den Konvent«, vgl. Le Monde vom 05.04.03, »Sommet à quatre sur la defense européenne, à la fin avril«.

32 Die sogenannte verstärkte Zusammenarbeit im Bereich der Gemeinsamen Außen- und Sicherheitspolitik ist im Vertrag von Nizza (Art. 27a-e EUV) neu geregelt und dabei gegenüber den bis dahin geltenden Bestimmungen leichter anwendbar gemacht worden. Dennoch muss auch weiterhin ein langwieriges und kompliziertes Verfahren in den Ratsgremien durchlaufen werden, ehe es zu einer solchen verstärkten Zusammenarbeit überhaupt kommen kann. Zudem sind nach Art. 27b EUV als Anwendungsbereich der verstärkten Zusammenarbeit ausdrücklich Fragen mit militärischen und verteidigungspolitischen Bezügen ausgeschlossen.

33 Dies vor Augen, hatte der belgische Premierminister Guy Verhofstadt auf kritische Fragen von Europaabgeordneten zum Brüsseler Gipfel geantwortet: »Man muss nicht über Verteidigung sprechen, wenn der Konvent und die Regierungskonferenz erst ›Nein‹ zur verstärkten Zusammenarbeit in der Verteidigung gesagt haben, wie in Nizza.« Vgl. Agence Europe, Brüssel, vom 30.04.03

34 Vgl. Art. III-213.

35 In der Konventssitzung vom 5. Juni 2003 begründete der britische Regierungsvertreter Peter Hain seine Haltung damit, dass es darauf ankäme, keine »zweite NATO« in der EU zuzulassen.

36 Vgl. The Guardian, 12.12.03, Washington accepts EU's indipendant military plan

37 Schlussbericht der Arbeitsgruppe VIII, a.a.O., S. 16

38 Vgl. Art. III-210.

39 Die Aufstellung einer ca. 20.000 Mann starken Nato Response Force (NRF) wurde auf dem Prager NATO-Gipfel am 21./22.11.2002 beschlossen. Anders als EU-Eingreiftruppe unterliegt ihre Mission keinen besonderen Beschränkungen.

40 Vgl. CONV 422/02, CONTRIB 150, a.a.O., Punkt 4.

41 Schlussbericht der Arbeitsgruppe VIII, a.a.O., S.22.

42 FAZ vom 13.02.03, Mehr Sicherheit für das gleiche Geld. Ein Beitrag, der wohl nicht ganz ohne Grund im Wirtschaftsteil der Zeitung abgedruckt wurde.

43 Europäisches Parlament, Bericht über die neue Sicherheits- und Verteidigungsarchitektur, a.a.O. S. 17.

44 Art. 296 EGV definiert diese Ausnahmebestimmung. Danach kann »jeder Mitgliedstaat die Maßnahmen ergreifen, die seines Erachtens für die Wahrung seiner wesentlichen Sicherheitsinteressen erforderlich sind, soweit sie die Erzeugung von Waffen, Munition und Kriegsmaterial oder den Handel damit betreffen; diese Maßnahmen dürfen auf dem Gemeinsamen Markt die Wettbewerbsbedingungen hinsichtlich der nicht eigens für militärische Zwecke bestimmten Waren nicht beeinträchtigen.«

45 Mitteilung der Kommission, a.a.O. S.9.

46 Schlussbericht der Arbeitsgruppe VIII, a.a.O., S. 23 f.

47 Vgl. Working document 1 for the Working Group VIII, p. 7.

48 Vgl. European Voice 27.03-02.04.03, French general calls for EU to develop ›eurozone for defence‹.

49 Vgl. FAZ vom 20.05.03, EU-Eingreiftruppe nicht voll einsatzfähig. Darin wird Struck wie folgt zitiert: »Dennoch sei nach 2006, wenn die bisherige Festschreibung des Verteidigungsetats ausläuft, eine Erhöhung der Ausgaben unerlässlich. Der Minister bekundete ein gewisses Interesse an dem Vorschlag des italienischen Verteidigungsministers Martino, der (...) auf die alte Idee zurückgekommen war, die Investitionsausgaben für Verteidigung aus den Maastricht-Kriterien für eine Obergrenze der Verschuldung herauszunehmen.«

50 FAZ vom 31.05 1999, Europäische Verteidigungsidentität soll gestärkt werden.

51 So erwartet etwa der Leiter der Hessischen Stiftung Friedens- und Konfliktforschung, Harald Müller, eine Reduzierung der Rüstungskosten. In der Frankfurter Rundschau schrieb er: »Fünfzehn Beschaffungsprogramme, die jeweils nationale Industrien begünstigen, machen den Einkauf teurer, weil sich die Allgemeinkosten (Forschung, Entwicklung, Verwaltung) auf kleinere Serien verteilen müssen: Der Stückpreis wird im Vergleich zu den USA nach oben getrieben. Ein einheitlicher, von einer europäischen Beschaffungsagentur betriebener Einkauf muss Abhilfe schaffen.« Vgl. FR vom 22.04.03, USA sind das falsche Vorbild.

52 Aufgabenstellungen des Amtes sind nach Art. III-212 u.a. »-multilaterale Projekte vorzuschlagen (und) die Forschung auf dem Gebiet der Verteidigungstechnologie zu unterstützen, gemeinsame Forschungsaktivitäten sowie Studien zu technischen Lösungen, die dem künftigen operativen Bedarf gerecht werden, zu koordinieren und zu planen.«

53 Mitteilung der Kommission, a.a.O., S. 12f.

54 Sylvia-Yvonne Kaufmann, Anforderungen an den Verfassungsvertrag für eine friedensfähige Europäische Union, CONV 681/03, CONTRIB 303.

55 Da das Amt für Rüstung, Forschung und militärische Fähigkeiten auch Verträge abschließen soll, war die Forderung nach der gerichtlichen Überprüfbarkeit seines Handelns von verschiedenen politischen Kräften- u.a. auch von dem CDU- Europaabgeordneten Elmar Brock- immer wieder, aber letztlich vergeblich, erhoben worden.

56 Vgl. Art. III-210 Absatz 3.

57 Ein entsprechender Änderungsantrag des Konventsmitglieds Sylvia-Yvonne Kaufmann wurde nicht berücksichtigt.

58 Der Spiegel, a.a.O., S.50

59 Nach der Ausgabe des Eurobarometers von April 2002 bildet die Bekämpfung der organisierten Kriminalität und des Drogenhandels die dritte Priorität (nach Frieden und Sicherheit und Bekämpfung der Arbeitslosigkeit) und wird von 9 von 10 Europäern unterstützt. Doch während sich die überwiegende Mehrheit der Befragten für eine Beschlussfassung auf Unionsebene im Bereich der Terrorismusbekämpfung (85%), des Menschenhandels (80%), der Bekämpfung der organisierten Kriminalität (72%) und des Kampfes gegen Drogen (71%) ausspricht, gehen die Meinungen in bezug auf die Einwanderungs- und Asylpolitik auseinander. Eine Minderheit der Befragten spricht sich für eine Beschlussfassung auf europäischer Ebene im Bereich der Justiz (58% Ablehnung) und der Polizei (63% Ablehnung) aus.

60 Erklärung zur Zukunft der Europäischen Union des Europäischen Rates von Laeken, a.a.O.

61 FAZ vom 2.12.02 Jack Straw, Eine Team-Präsidentschaft soll Europa lenken.

62 TREVI ist ein Akronym für »Terrorisme, Radicalisme, Extremisme, Violance international«.

63 Das Abkommen ist nach dem luxemburgischen Ort Schengen benannt, in dem die Vereinbarung am 19. Juni 1990 unterzeichnet wurde.

64 So sollten nach dem Vertrag von Maastricht Maßnahmen zur justiziellen Zusammenarbeit in Zivilsachen und Strafsachen, im Zollwesen und bei der polizeilichen Zusammenarbeit zur Verhütung und Bekämpfung des Terrorismus, des illegalen Drogenhandels und sonstiger schwerwiegender Formen der internationalen Kriminalität nur auf Initiative von Mitgliedstaaten und nicht der Kommission zu Stande kommen.

65 Der Europäische Rat hatte auf seiner Tagung im Oktober 1999 in Tampere ein ehrgeiziges Programm für den Bereich der Freiheit, des Rechts und der Sicherheit angenommen. Es enthielt gut 50 Themen und Empfehlungen.

Vergleicht man dieses Aktionsprogramm mit den tatsächlich erzielten Ergebnissen, so fällt allerdings die Bilanz ernüchternd aus. Nur wenige Vorhaben davon wurden seitdem realisiert.

66 Justiz- und Inneres – Stand der Arbeiten und allgemeine Problematik, CONV 69/02, S. 6

67 Justiz und Inneres – Stand der Arbeiten und allgemeine Problematik, a.a.O., S.6. Zur Problematik der EU-Rahmenbeschlüsse zur Terrorismusbekämpfung und zum Europäischen Haftbefehl vgl. auch Andreas Wehr, Terrorismus in Europa in: Blätter für deutsche und internationale Politik Heft 7/2002.

68 Schlussbericht der Arbeitsgruppe X »Freiheit, Sicherheit und Recht«, CONV 426/02, S.1.

69 Anhörung von Jürgen Storbeck, Direktor von Europol, lt. Protokoll der 81.Sitzung des Ausschusses für die Angelegenheiten der Europäischen Union des Deutschen Bundestages, 14. Wahlperiode, am 17. Oktober 2001.

70 Bei der Vereinbarung über Eurojust handelt es sich um einen internationalen Vertrag.

71 Bei der Verabschiedung des Amsterdamer Vertrages wurde daher auch ausdrücklich vom Europäischen Rat in einem Protokoll über die Immunitäten festgestellt: »Maßnahmen im Bereich der polizeilichen Zusammenarbeit nach Artikel 30 des Vertrags über die Europäische Union, einschließlich der Tätigkeiten von Europol, unterliegen einer gerichtlichen Überprüfung durch die zuständigen einzelstaatlichen Stellen gemäß der in dem jeweiligen Mitgliedstaat geltenden Rechtsvorschriften.«

72 In der Konventsarbeitsgruppe ist diese unhaltbare Situation angesprochen worden: »Wenn allerdings Europol unter Berufung auf diese Rechtsgrundlage mehr operative Befugnisse übertragen würden, müsste das geltende Protokoll über die Immunitäten überprüft werden.(...) Die Gruppe ist außerdem der Ansicht, dass die Arbeit von Europol künftig gemäß den einschlägigen Vertragsbestimmungen der demokratischen Kontrolle durch das Europäische Parlament und den Rat so wie der gerichtlichen Kontrolle durch das EuGH unterstellt werden sollte.« Schlussbericht der Arbeitsgruppe X, a.a.O., S.18.

73 Vgl. etwa den vom Europäischen Parlament angenommenen Bericht des konservativen belgischen Europaabgeordneten Gérard Deprez zu Europol vom 9. Oktober 2002 (A5-0345/2002) über eine Initiative zur Änderung des Statuts von Europol, in dem er schrieb: »Bis zum heutigen Tag ist uns nicht bekannt, dass der Rat der Empfehlung unseres Parlaments in irgendeiner Weise nachgekommen wäre. Nach Ansicht Ihres Berichterstatters hat das Europäische Parlament, das bislang in diesen Bereichen ein ›legislativer‹ Zwerg ist, keinerlei Interesse daran, sich noch wie ein ›politischer Zwerg‹ zu verhalten.«

74 In der Vergangenheit war die jeweils zeitraubende Änderung der Konvention über Europol aufgrund der notwendigen Beratung in den nationalen Parlamenten immer wieder kritisiert worden.

75 Schlussbericht der Arbeitsgruppe X, a.a.O., S.18.

76 Erstmals wurde mit dem Vertrag von Nizza ein Verweis auf Eurojust in den EU-Vertrag, in Artikel 29, aufgenommen. Mit dem Konventsvorschlag soll Eurojust nun den offiziellen Status einer Unionseinrichtung erhalten.

77 In einer Anhörung der Arbeitsgruppe »Freiheit, Sicherheit und Recht« hatte laut Sitzungsprotokoll der Direktor von Europol diesen Zustand bestätigt und eingestanden, dass »die parlamentarische Kontrolle von Europol derzeit unklar« sei und die Schwierigkeit darin bestünde, dass Europol gegenüber zu vielen nationalen Parlamenten rechenschaftspflichtig sei.

78 Vgl. CONV 614/03, S.29.

79 Vgl. Working document 32 der Arbeitsgruppe X, S.4

80 Als Ausschuss »Artikel 36« wird das nach diesem Artikel des EUV benannte Koordinierungsgremium benannt, das im Anschluss an den Europäischen Gipfel 1999 in Tampere eingesetzt wurde. Neben der Funktion der Koordinierung hat es gegenwärtig vor allem die Aufgabe, die Arbeiten des Rates im Bereich der polizeilichen und justiziellen Zusammenarbeit in Strafsachen vorzubereiten.

81 Schlussbericht der Arbeitsgruppe X, a.a.O., S.16.

82 CONV 614/03, Anlage S.10.

83 Vgl. http://www.statewatch.org/news/2003/apr/wpX.pdf; Der Text wurde in der Übersetzung von Laurent Faasch-Ibrahim und Volker Eick den Unterlagen zum Kongress der Europäische Demokratischen Anwälte (EDA) und der Rechtsanwaltsvereinigung (RAV) »Die (Re-) Organisation der Inneren Sicherheit in Europa« vom 27.Juni 2003 in Berlin, entnommen.

84 Schlussbericht der Arbeitsgruppe X, a.a.O., S.16.

85 Der Rahmenbeschluss zur Terrorismusbekämpfung vom 13.6.2002 (ABl. L 190 vom 18.7.2002) wurde in der Rekordzeit von nur vier Monaten ausgehandelt. Dahinter stand allerdings aufgrund der Attentate vom 11.September 2001 ein enormer politischer Druck. Vgl. zur Entstehung des Rahmenbeschlusses zur Terrorismusbekämpfung: Andreas Wehr, Terrorismusbekämpfung in Europa, a.a.O.

86 Die Konventsmitglieder Fischer (Bündnis 90/Die Grünen), Teufel (CDU) und Meyer (SPD) hatten in einem gemeinsamen Brief den Präsidenten dringend um diese Änderung gebeten. Anschließend durfte sich der migrationspolitische Sprecher der Bündnisgrünen »einigermaßen befremdet« über den Vorstoß seines Parteifreundes zeigen, da dies »nicht grüne Fraktionslinie und nicht Parteitagsbeschlusslage« sei, vgl. Frankfurter Rundschau vom 4.7.03, Grüne widersprechen Fischer.

87 Vgl. ABl. L 190 vom 18.7.2002.

88 Justiz und Inneres -Stand der Arbeiten und allgemeine Problematik, a.a.O., S. 5f.

89 Vgl. Erklärung zur Zukunft der Europäischen Union des Europäischen Rates von Laeken, a.a.O.

90 Schlussbericht der Arbeitsgruppe X, a.a.O., S.8.

91 Schlussbericht der Arbeitsgruppe X, a.a.O., S.8.

92 Vgl. Textentwurf für Abschnitte des Teils III mit Kommentaren, CONV 727/03, S.32.

93 Jean-Claude Paye, Der Terrorist von nebenan, Europa hat einen einheitlichen Haftbefehl, in: Le Monde diplomatique Nr.2, 2002.

94 Vgl. ABl. L 190, a.a.O.

95 Jean-Claude Paye, a.a.O.

96 Jean-Claude Paye, a.a.O.

97 Tatsächlich standen bei der erreichten Verknüpfung von Terrorismusbekämpfung und Durchsetzung des europäischen Haftbefehls vor allem die Interessen der spanischen Regierung im Hintergrund, der es immer darum gegangen war, mit der Durchsetzung des europäischen Haftbefehls einen erleichterten Zugriff auf ETA-Angehörige im europäischen Ausland zu erhalten.

98 Vgl. Schilys Terrorismusbekämpfungsgesetz: Der falsche Weg, Stellungnahme von Bürgerrechtsorganisationen zur Anhörung des Innenausschusses des Deutschen Bundestages am 30. November 2001 zum Entwurf eines Gesetzes zur Bekämpfung des internationalen Terrorismus, S.46.

99 Doch bereits bei der gegenwärtig stattfindenden Umsetzung des Rahmenbeschlusses über den europäischen Haftbefehl in nationales Recht zeigen sich erhebliche Unsicherheiten. So hat etwa die britische Regierung entschieden, ihre Staatsbürger bei Vorliegen eines europäischen Haftbefehls jedenfalls dann nicht auszuliefern, wenn es sich bei der Anklage um Delikte aus dem Bereich Rassismus und Fremdenfeindlichkeit handelt. Denn diese sind zwar in Deutschland und Österreich strafbar, nicht aber im Vereinigten Königreich. Vgl. FAZ vom 4.7.03, Haftbefehl: Briten sind vor europäischen Rassismus-Anklagen sicher. Und auch in Deutschland wachsen die Zweifel. Aus Anlass der Beratungen im Deutschen Bundestag zur Umsetzung des europäischen Haftbefehls schrieb die FAZ am 15.07.03: »Fragwürdig wird es bei Taten wie ›Wäsche aus Erträgen von Straftaten,‹ Umweltkriminalität ›einschließlich des illegalen Handels mit bedrohten Pflanzen- und Baumarten‹ oder bei ›Sabotage‹.«

100 European Voice 12-18 June 2003 , Convention set for major police and justice overhaul.

101 Vgl. Für eine Europäische Union der Solidarität, gemeinsame Erklärung von Abgeordneten des Europäischen Parlaments vom 17.10.02, in: Blätter für deutsche und internationale Politik, 1/2003, S.120ff.

102 Initiatoren der Erklärung waren u.a. die Konventsmitglieder Anne van Lancker (SP Belgien), Sylvia-Yvonne Kaufmann (PDS, Deutschland), Johannes Voggenhuber (Die Grünen, Österreich) sowie die stellvertretenden Konventsmitglieder Pervenche Berès (SP, Frankreich) und Maria Berger (SP, Österreich).

103 Besonders peinlich war das Verhalten von Peter Glotz. Nachdem anfangs sein Name mit auf der Unterstützerliste stand, ließ er sich umgehend wieder von ihr mit der schmeichelhaften Begründung streichen, er sei irrtümlich durch ein Versehen seiner Sekretärin darauf geraten. Vgl. Süddeutsche Zeitung vom 04.10.02, Eine Unterschrift, die keine war, und Die Tageszeitung vom 01.10.02, Peter Glotz gegen ›soziales Europa‹.

104 Vgl. Schlussbericht der Gruppe VI »Ordnungspolitik«, CONV 357/02 vom 21.10.02.

105 Vgl. hierzu die Kurzniederschrift über die Eröffnungssitzung der Arbeitsgruppe am 6. Dezember 2002, CONV 450/02.

106 Klaus Dräger, Eine Heilige Allianz der Modernisierer? Die EU nach dem Scheitern des Mitte-Links-Projekts, in: Martin Beckmann, Hans-Jürgen Bieling, Frank Deppe (Hrsg.), Eurokapitalismus und globale politische Ökonomie, Hamburg 2003, S.205.

107 Klaus Dräger, Eine Heilige Allianz der Modernisierer? a.a.O., S.205

108 Vgl. Beitrag von Herrn Olivier Duhamel, Frau Anne van Lancker (Mitglieder des Konvents), Frau Pervenche Berès, Frau Maria Berger, Herrn Carlos Carnero Gonzales, Frau Elena Paciotti (stellvertretende Mitglieder des Konvents), CONV 813/03.

109 Vgl. Sylvia-Yvonne Kaufmann, Ein Verfassungsvertrag für ein soziales Europa, CONV 190/1/02.

110 FAZ vom 05.11.03, Deutsche Mindestlöhne für alle?

111 FAZ vom 22.10.03, Koordinitis à la Brüssel.

112 FAZ vom 22.10.03, a.a.O.

113 Vgl. Schlussbericht der Gruppe V »Ergänzende Kompetenzen«, CONV 375/02.

114 Hans-Jürgen Urban, Die neue Sozialpolitik, in: Z.- Zeitschrift marxistische Erneuerung, Nr. 55 September 2003, S.23

115 Klaus Dräger, Ein neues europäisches Sozialmodell? Die EU und der Umbau der sozialen Sicherung, in: Disput, März 2003

116 Stellungnahme der Bundesarbeitskammer Österreich (BAK) zum Verfassungsentwurf – Forderungen und Empfehlungen an die Regierungskonferenz, Wien September 2003, in: www.AKeu.at, S.2.

117 Stellungnahme der Bundesarbeitskammer Österreich (BAK) zum Verfassungsentwurf, a.a.O., S.3.

118 Thorben Albrecht und Gloria Müller, Der Verfassungsentwurf des Europäischen Konvents, in: Gewerkschaftliche Monatshefte 8-9/2003.

119 Schlussbericht der Gruppe XI »Soziales Europa«, CONV 516/1/03.

120 Schlussbericht der Gruppe XI, a.a.O., S.2

121 Vgl. Schreiben von Anne van Lancker und anderen Mitgliedern des Konvents an das Präsidium vom 20.05.03, CONV 780/03.

122 Vgl. Vollbeschäftigung und eine starke Sozialverfassung – Alternativen für

eine Neue Ökonomie in Europa, Erklärung und Memorandum europäischer Wirtschaftswissenschaftlerinnen, Bremen 2001, S. 21.

123 Mit Anzeigen in allen großen Tageszeitungen hatte im Frühjahr 2003 auch eine »Initiative Neue Soziale Marktwirtschaft« auf sich aufmerksam gemacht. Nach eigener Aussage wird sie »von den Arbeitgeberverbänden der Metall- und Elektro-Industrie getragen und von weiteren führenden Wirtschaftsverbänden unterstützt. Wissenschaftlich begleitet wird die Initiative vom Institut der deutschen Wirtschaft Köln. Sie wird repräsentiert von einem Kuratorium mit dem früheren Bundesbankpräsidenten Prof. Dr. Hans Tietmeyer an der Spitze. Zahlreiche Persönlichkeiten aus Wirtschaft, Wissenschaft und Politik engagieren sich als Botschafter der Sozialen Marktwirtschaft für die Initiative.«

124 Auch das CDU-Konventsmitglied Elmar Brok sprach sich für eine Änderung aus: »Die Stabilität des Euro muss Vorrang vor den anderen Zielen haben, vgl. Die Welt vom 09.12.03, Mehr Macht der EU.

125 Thomas Oppermann, a.a.O., S. 1170.

126 Vgl. zur Debatte im Deutschen Städtetag die FAZ vom 9.11.2000 unter der Überschrift »Neubestimmung statt Palaver. Unter dem Druck der EU-Kommission wollen die Kommunen ihre Aufgaben überdenken.«

127 Vgl. Entschließung des Bundesrats zu den Themen des Konvents zur Zukunft der EU vom 12.02.02, Drucksache 586/02.

128 Thorben Albrecht und Gloria Müller, a.a.O.

129 Boris Karthaus (ver.di), Darstellung und erste Bewertung des Ergebnisses des Konvents, 08.08.03 (Manuskript).

130 Europäische Kommission, GD Wettbewerb, Non-Paper über Dienste von allgemeinem wirtschaftlichen Interesse und staatliche Beihilfen vom 12.11.02.

131 Vgl. Vorschlag des Konventspräsidiums CONV 836/03.

132 Schreiben des Österreichischen Gemeindebundes und des Deutschen Städte- und Gemeindebundes vom 3. Juli 2003 an alle Konventsmitglieder zu den Vorschlägen des Konventspräsidiums zur Zukunft der Daseinvorsorge.

133 Vgl. FAZ vom 07.11.03, Giscard: Ohne Verfassung keine großen Fortschritte.

Teil IV
Das Scheitern als Chance nutzen

Der Verfassungsvertrag soll Antworten auf den Legitimitätsverlust der Europäischen Union und auf die Herausforderungen der Erweiterung geben. Zugleich werden Vorschläge für die Weiterentwicklung einzelner Politikbereiche gemacht. Die Verträge über die Europäische Union (EU-Vertrag) und zur Gründung der Europäischen Gemeinschaft (EG-Vertrag) werden zusammengeführt. Das gesamte Vertragswerk wird neu gegliedert, und die Grundrechtecharta wird integriert. Der Entwurf ist daher sehr viel ambitionierter als es die vorangegangenen Vertragsänderungen von Maastricht, Amsterdam und Nizza waren, doch die so oft beschworene »Neugründung Europas« ist er nicht. Mit dem Scheitern des Europäischen Rats am 12. und 13. Dezember 2003 in Brüssel ist seine Annahme zunächst missglückt.

Änderungen der Politikinhalte

Die zur Zeit noch eigenständig im EU-Vertrag geregelten Fragen der inneren und äußeren Sicherheit sollen in den Verfassungsvertrag integriert und dabei gleichzeitig »neuen Herausforderungen« angepasst werden.

Was die innere Sicherheit angeht, so werden neue Gefahrenquellen in der nun weit nach Mittelost- und Osteuropa ausgedehnten Union ausgemacht. Als zusätzliche Bedrohung ist seit September 2001 der Terrorismus hinzugekommen. Mit den Konventsvorschlägen wird die in der europäischen Justiz- und Innenpolitik, etwa in der Organisation von Europol, verbreitete Vermengung von legislativen und exekutiven Kompetenzen des Rates nicht beseitigt, sondern mit der Schaffung neuer Behörden weiter zugespitzt. Der europäische Raum der Freiheit und des Rechts soll in erster Linie, der bisherigen Praxis des europäischen Haftbefehls entsprechend, über die problematische gegenseitige Anerkennung von zivil- und strafrechtlichen Urteilen der Mitgliedstaaten geschaffen werden (vgl. Kapitel III 2.).

Die Vorschläge zur Reform der Außen- und Sicherheitspolitik werden den bereits seit Jahren unternommenen Anstrengungen zur Schaffung eigenständiger europäischer militärischer Kapazitäten einen neuen Schub geben (vgl. Kapitel III 1.). Aufgrund der außenpolitischen Zerstrittenheit der Mitgliedstaaten gelang es aber nicht, auch hier das Prinzip der Abstimmung mit qualifizierten Mehrheiten durchzusetzen. Der Konvent verständigte sich jedoch auf die Verpflichtung der EU-Staaten zur Forcierung ihrer Aufrüstung. Dem dient vor allem das neue »Europäische Amt für Rüstung, Forschungen und militärische Fähigkeiten«.

Nicht auf der Agenda des Europäischen Konvents stand dagegen die Weiterentwicklung oder gar Revision der in Maastricht formulierten Wirtschaftsverfassung der Union. Erst aufgrund einer Initiative aus der Mitte des Konvents heraus gelang es, diese Frage überhaupt zum Gegenstand der Beratung zu machen. Doch die vertraglich festgeschriebene, neoliberale Wirtschaftsordnung der EU blieb im neuen Entwurf am Ende unangetastet. Allein bei der Formulierung der Ziele und Werte der Union konnten einige soziale Forderungen verankert werden. Dass diese kleinen Erfolge aber so gut wie nichts an der allgemeinen neoliberalen Ausrichtung des Verfassungsentwurfs ändern, wurde im Abschnitt III 3. nachgewiesen.

Einige Regierungen, wie die Großbritanniens und Spaniens, aber auch die einer Reihe von Beitrittstaaten, standen sowohl der sozialstaatlichen Weiterentwicklung der Union als auch einer Demokratisierung europäischer Entscheidungsebenen skeptisch bis ablehnend gegenüber. Ihnen reicht es, wenn die Union eine lockere Freihandelszone bleibt, deren Mitgliedstaaten als Standorte miteinander in Konkurrenz liegen. Eine sozialstaatliche Weiterentwicklung der EU lässt sich auf diese Weise am wirkungsvollsten blockieren. Nichts einzuwenden hatten diese Regierungen allerdings gegen eine militärische Stärkung der EU und gegen den Ausbau der inneren Sicherheit. Sie vertraten damit das altbekannte Modell des liberalen »minimal state«: Repressiv nach innen, aggressiv nach außen, strikt ablehnend gegenüber jedem Umverteilungsbegehren. In der Konventsarbeit konnten sich diese Positionen weitgehend durchsetzen.

Bewertet man allein diese vorgeschlagenen Änderungen der Politikinhalte und macht sie zum Maßstab für die Gesamtbewertung des Konventsentwurfs, so dürfte es gerechtfertigt sein, schon deshalb den Konventsentwurf abzulehnen. Kurz vor dem Brüsseler Ratstreffen, am 11. Dezember 2003, hatten daher Gewerkschafter, Politiker und Künstler in einer in der Frankfurter Rundschau veröffentlichten Erklärung »Europa in schlechter Verfassung: So? Nein!« aufgerufen, die Verfassung zurückzuweisen. Darin hieß es: »Nach dem bislang vorliegenden Entwurf wird Europa nicht friedlicher, nicht sozialer und nicht demokratischer. Das neoliberale Europa der Konzerne wird gestärkt, die Union umgebaut zur weltweiten militärischen Interventionsmacht. Die vorgeschlagene Verfassung darf so nicht verabschiedet werden!«

Institutionelle Veränderungen

Die Klärung der seit Jahren ungelösten institutionellen Fragen noch rechtzeitig vor dem Beitritt der zehn neuen Mitgliedstaaten wird als unabdingbar angesehen, um auch in einer EU der 25 und mehr Staaten eine hohe Flexibilität zu bewahren. Die zentralen europäischen Institutionen, Europäischer Rat, Ministerrat und Kommission, wurden hinsichtlich ihrer Arbeitsfähigkeit und Effektivität im Konvent einer Überprüfung unterzogen. Die im Verfassungsvertrag vorgeschlagenen Reformen der institutionellen Architektur zielen auf die Straffung dieser Gremien und auf eine weitere Zentralisierung der Union. Es wird das Amt eines ständigen Vorsitzenden des Rates und das eines Außenministers geschaffen. Die Kommission wird auf 15 Mitglieder verkleinert, was zur Folge hat, dass nicht mehr alle Mitgliedstaaten gleichzeitig dort vertreten sein werden. Der Präsident der Kommission erhält eine Richtlinienkompetenz und kann Kommissionsmitglieder auswählen und auch wieder entlassen. Die Kommission würde damit einer Regierung ähnlich werden. Der Europäische Rat, das Gremium der Staats- und Regierungschefs, wird durch die neue Funktion eines hauptamtlichen Präsidenten gestärkt, der allein vom Rat gewählt wird. Die gegenwärtig unter den Mitgliedstaaten rotierende Funktion der Ratspräsidentschaft wird abgeschafft.

Mit der neugeschaffenen Möglichkeit einer strukturierten Zusammenarbeit im Bereich der Sicherheits- und Militärpolitik werden Gruppen von Mitgliedstaaten erstmals eine wirkliche Chance für eine engere Koordination innerhalb der EU gegeben. Die schon im gegenwärtigen Vertrag vorgesehene verstärkte Zusammenarbeit bleibt hingegen weiterhin an kaum überwindbare Hürden gebunden, da sie nur als »letztes Mittel« eingesetzt werden darf, wenn anders die Ziele der Union nicht erreicht werden können. Bei der strukturierten Zusammenarbeit gibt es solche Beschränkungen nicht. So kann zukünftig ein Kerneuropa innerhalb der EU-Institutionen im Bereich der Sicherheits- und Militärpolitik entstehen.

Wird die Europäische Union demokratischer?

Mit der Ausarbeitung einer Europäischen Verfassung sollte zugleich der immer lauter werdenden Kritik am Demokratiedefizit der Union, an der fehlenden Transparenz ihrer Entscheidungsprozesse und an ihren allein sprachlich nur schwer verständlichen Vertragstexten die Spitze genommen werden. Die seit Jahren umstrittene Abgrenzung der Kompetenzen der Union gegenüber ihren Mitgliedstaaten und Regionen sollte geregelt und der Schutz der Rechte der nationalen und regionalen Parlamente im europäischen Integrationsprozess ausgedehnt werden. Die hierzu vorgeschlagenen Verfahren sind allerdings – wie im Abschnitt II 2 beschrieben – wirklichkeitsfremd, da sie schon aus praktischen Gründen nicht funktionieren können. Die Parlamente erhalten nur eine kurze Frist von wenigen Wochen, um ihre Bedenken gegen Gesetzesvorschläge der Kommission artikulieren zu können. Lehnen sie dennoch einmal Vorhaben ab, da sie aus ihrer Sicht die Prinzipien der Subsidiarität oder der Verhältnismäßigkeit verletzen, kann die Kommission gleichwohl an ihren Vorschlägen festhalten. Die nationalen Parlamente und Regionen bekommen daher nur stumpfe Mittel in die Hand, mit denen sie ihren weiteren Bedeutungsverlust nicht aufhalten können.

Mit dem Konventsvorschlag sollen die Bereiche, in denen zukünftig im Ministerrat mit qualifizierter Mehrheit und nicht mehr einstimmig entschieden werden kann, deutlich ausgeweitet werden. Die Vetomöglichkeiten der Mitgliedsländer reduzieren sich im gleichen Maße. Die Staaten verlieren damit weitere Souveränitätsrechte an die Europäische Union. Zwar erhält das Europäische Parlament in allen Fragen, über die im Ministerrat mit qualifizierten Mehrheiten entschieden wird, automatisch Mitentscheidungsrechte. Da das Parlament aber auch weiterhin kein Initiativrecht besitzt und nur in einer Scheinwahl an der Bestimmung des Kommissionspräsidenten beteiligt ist, wird es auch in Zukunft noch weit entfernt vom Status eines wirklichen Parlaments sein (vgl. Kapitel II 1). Der bei den einzelnen Mitgliedstaaten eintretende Verlust an Souveränitätsrechten wird daher nicht mit einem entsprechenden Zuwachs demokratischer Kontrollrechte des Europäischen Parlaments kompensiert. Das grundlegende Demokratiedefizit der Union bleibt bestehen.

Zukünftig soll der demografische Faktor nicht nur zur Überprüfung gefasster Beschlüsse eingesetzt werden können, sondern bereits bei ihrer Annahme müssen mindestens 60 Prozent der Unionsbevölkerung dahinter stehen. Das neue Verfahren verändert den Charakter der Union grundlegend. Die Bedeutung der einzelstaatlichen Souveränität wird geschwächt und die der jeweils repräsentierten Bevölkerungsgröße gestärkt. Von den Verteidigern des Konventsentwurfs wird daher auch euphorisch hervorgehoben, dass mit dieser Reform neben die »Gleichheit zwischen den Staaten die Gleichheit zwischen den Bürgern« tritt. (vgl. Kapitel II 3).

Die Aufwertung des demografischen Faktors bei der Entscheidungsfindung liegt sicherlich in der Logik der Entwicklung einer sich vertiefenden europäischen Integration, bei der immer mehr Aufgaben auf die EU übertragen werden. Sie eröffnet zumindest die Perspektive auf die dringend notwendige Demokratisierung der Union, die langfristig nur auf dem Prinzip des gleichen, geheimen und allgemeinen Wahlrechts aufbauen kann, bei dem jede Stimme eines Unionsbürgers in etwa gleich viel Gewicht hat, egal in welchem Mitgliedstaat sie abgegeben wird. Nur auf diese Weise lässt sich der weiteren Aushöhlung und Entwertung des Wahlrechts begegnen, denn wenn bereits heute gut 70 Prozent aller auf nationaler und regionaler Ebene beschlossener Gesetze auf europäischem Recht beruhen, dann bedeutet dies nichts anderes, als dass über diese Fragen gegenwärtig Gremien auf der Unionsebene entscheiden, die – abgesehen von dem nur mit schwachen Rechten ausgestatteten Europäischen Parlament – nicht durch Wahlen legitimiert sind. Eine solche Situation begünstigt regelmäßig die Durchsetzung mächtiger Kapitalinteressen, die sich in einem solch informellen Klima nicht öffentlich legitimieren müssen und auch nicht gezwungen sind, sich auf demokratisch gebildete Mehrheiten einzulassen. Umgekehrt werden sich die sozial Benachteiligten nur dann auf europäischer Ebene wirkungsvoll Gehör verschaffen können, wenn sie ihrer großen Zahl mittels Wahlen auch politischen Ausdruck verleihen können.

Die Gefahr neuer Spaltungslinien

Über die Aufwertung des demografischen Faktors bei den Abstimmungen kann nicht abstrakt entschieden werden. Die Änderung begünstigt zunächst einmal die vier großen Staaten der EU und hier insbesondere Deutschland. Sein Stimmengewicht würde sich gegenüber dem in Nizza vereinbarten Verfahren glatt verdoppeln. Es hängt daher von den konkreten historischen Umständen ab, ob eine solche Veränderung zu mehr Demokratie oder zu neuen Spaltungen innerhalb der EU führt. Ein Mehr an Demokratie bringt sie nur dann, wenn zugleich ein Mindestmaß an europäischer Öffentlichkeit und an übergreifenden Institutionen vorhanden ist, das die Herausbildung eigenständiger europäischer Positionen überhaupt erst möglich macht. Daran fehlt es aber heute noch weitgehend. Es gibt weder größere Medien, die über den engen nationalstaatlichen Rahmen hinausreichen, noch existieren wirkliche europäische Gewerkschaften oder Parteien. Unter diesen ungünstigen Bedingungen besteht die Gefahr, dass der vergrößerte Einfluss bevölkerungsstarker Länder nur dazu führt, dass sie ihn nutzen, um ihre nationalstaatlichen Interessen besser zur Geltung zu bringen.

Zu dieser ungünstigen Ausgangslage tritt ein weiterer aktueller Umstand hinzu. Die vorgeschlagene größere Bedeutung des demografischen Faktors kann in Konflikt geraten mit einer Politik, die den ärmeren Staaten die erforderliche Solidarität verweigert. Die Union ist schon heute von einem enormen Gegensatz zwischen armen und reichen Mitgliedsländern geprägt. Bereits in der EU der 15 ist der Entwicklungsabstand zwischen den Regionen größer als der innerhalb der USA. Mit der Erweiterung wird sich diese Kluft weiter auftun. Die für die Entwicklung der schwächsten europäischen Gebiete zur Verfügung stehenden Gelder aus den Regional- und Strukturfonds sind aber viel zu gering bemessen, um diese ungleiche Entwicklung – selbst auf lange Sicht – aufheben zu können. Die Mittel betragen derzeit lediglich 0,46 Prozent des Bruttoinlandsprodukts (BIP) der gesamten EU. Selbst nach der Ost-Erweiterung, bei der fast nur Länder hinzukommen deren Standards weit unter dem durchschnittlichen Entwicklungsniveau der EU liegen, sollen diese Fördergelder nicht aufgestockt werden. Im Gegenteil: In einem gemeinsamen Brief verlangten die Nettozahlerländer in der EU, geschrieben bezeichnenderweise nur wenige Tage nach dem gescheiterten Dezember-Gipfel 2003 in Brüssel, den EU-Haushalt auf nur ein Prozent des EU-BIP weiter zu reduzieren. Nach den vertraglichen Bestimmungen könnte der Haushalt aber bereits heute eine Ausgabengröße von 1,27 Prozentpunkten haben. Bislang war jede Erweiterung der EU mit einer Anhebung ihrer Ausgaben begleitet worden. Doch ausgerechnet in der jetzigen Situation, in der eine große Gruppe armer Länder hinzukommt, soll dies nicht mehr gelten. Die zehn Beitrittsstaaten werden in den nächsten Jahren zusammen sogar weniger Hilfe von der EU erhalten als allein die ostdeutschen Bundesländer aus dem internen bundesdeutschen Ausgleich. Werden aber den neuen EU-Ländern die notwendigen Transferleistungen für die Stützung ihrer Landwirtschaft und die Umstrukturierung ihrer in der EU kaum noch konkurrenzfähigen Industrie verwehrt, so wird eine solche Haltung dort auf nationalstaatlich gegründeten Widerstand stoßen und unweigerlich zu neuen Spannungen in der EU führen.

Die Auseinandersetzungen auf der Tagung des Europäischen Rats im Dezember 2003 trugen bereits Züge heraufziehender erbitterter Verteilungskämpfe. In der entscheidenden Frage der Machtverteilung zwischen den Mitgliedstaaten ging es keineswegs – wie es die Medien darzustellen versuchten – um bornierte nationale Eitelkeiten, sondern vielmehr um die Wahrung günstiger Ausgangspositionen für anstehende Kämpfe um knapper werdende Ressourcen.

Die Europäische Union verfügt über kein modernes Gesellschaftsmodell

Die Europäische Union, die bereits einen Binnenmarkt, eine einheitliche Währung und ein direkt gewähltes Parlament besitzt und die sich heute anschickt einen Raum der Freiheit, der Sicherheit und des Rechts und sogar eine gemeinsame Sicherheits- und Militärpolitik zu entwickeln, nimmt damit mehr und mehr staatsähnliche Züge an. Zugleich entsteht mit ihr ein historisch bereits überholtes Gemeinwesen, denn die für einen Wohlfahrts- bzw. Sozialstaat charakteristischen Eigenschaften entwickelt sie nicht. Ihr Grundgesetz besteht spätestens seit der Verabschiedung der Einheitlichen Europäischen Akte 1986 im Kern allein aus dem Willen, einen Binnenmarkt zu schaffen, »der durch die Beseitigung der Hindernisse für den freien Waren-, Personen-, Dienstleistungs- und Kapitalverkehr gekennzeichnet ist«. Die Bürger werden von der Union demnach nur in ihrer Eigenschaft als Träger von Besitzrechten wahrgenommen, als Besitzer von Eigentum und privaten Rechtstiteln bzw. im Rahmen des freien Personenverkehrs auch als Besitzer der Ware Arbeitskraft. Ihnen will die Union mit der Schaffung des Binnenmarktes die noch bestehenden nationalstaatlichen Hindernisse aus dem Weg räumen.

Die Union sieht ihre Aufgabe daher allein in der Gewährleistung der alten liberalen »negativen Freiheit«, d.h. im staatlichen Schutz vor Eingriffen in die Freiheit und die Besitzrechte des Einzelnen. Die sich mit der Herausbildung eines modernen Gemeinwesens zugleich entwickelnden staatlichen Eingriffsrechte in privates Eigentum, mit deren Hilfe erst individuelle Entwicklungsmöglichkeiten der sozial Benachteiligten geschaffen werden können, kennt die Europäische Union hingegen kaum. Diese, von einem modernen Staat zu garantierenden sozialen und kulturellen Rechte des Einzelnen sind in der Allgemeinen Erklärung der Menschenrechte der Vereinten Nationen von 1948 – und hier in ihren Artikeln 22 bis 27 – in klassischer Weise definiert worden, etwa das Recht auf soziale Sicherheit, auf Arbeit, auf gleichen Lohn und auf Bildung. Auch wenn diese Menschenrechte nicht einklagbar sind, so sind sie doch Handlungs- und Zielorientierungen für die Tätigkeit moderner Staaten, zu deren Aufgaben es eben auch gehört, die Entwicklungsmöglichkeit des Einzelnen, »die positive Freiheit« zu garantieren.

Mit der Grundrechtecharta hat sich die Union zwar einen Katalog von Rechten gegeben, der eine Reihe von Elementen dieser »positiven Freiheit« umfasst, sie ist dabei aber sowohl gegenüber der Allgemeinen Erklärung der Menschenrechte als auch gegenüber geltenden nationalstaatlichen Verfassungen zurückgeblieben. In ihr fehlt etwa das Recht auf Arbeit. Im Konventsentwurf wurde ihr Anwendungsbereich zudem so eingeschränkt, dass die in der Grundrechtecharta enthaltenen Rechte die konkrete Tätigkeit der Union nicht verändern können. In Art. II-51 wurde ausdrücklich festgelegt: »Diese Charta dehnt den Geltungsbereich des Unionsrechts nicht über die Zuständigkeiten der Union hinaus aus und begründet weder neue Zuständigkeiten noch neue Aufgaben für die Union, noch ändert sie die in den anderen Teilen der Verfassung festgelegten Zuständigkeiten und Aufgaben.«

Für einen Neuaufbau der Europäischen Union

Der Union werden wohl die bitteren Erfahrungen nicht erspart bleiben, die in den letzten Jahren sogar fest gefügte Nationalstaaten machen mussten, und die in manchen Fällen gar zu ihrem blutigen Auseinanderbrechen führten. Dort, wo sich Gesellschaften im neoliberalen Standortwettbewerb entsolidarisieren, besinnen sich die davon Betroffenen nur zu oft auf nationale und regionale Eigenheiten, betonen den Unterschied gegenüber dem vermeintlich Anderen, und es gewinnt die identitäre Abgrenzung an Boden. In Zeiten und Räumen, in denen hingegen soziale Integration stattfindet, leben verschiedene Kulturen besser miteinander. Ist Perspektive vorhanden, wird friedlich oder gar nicht miteinander konkurriert, und eine gegenseitige Durchdringung von Kulturen oder gar ihre Vermischung wird dann als weniger dramatisch oder sogar als Bereicherung empfunden. Sowohl die Mitgliedstaaten als auch die Union als ganzes entfernen sich von diesem gesellschaftlichen Zustand gegenwärtig Schritt um Schritt.

Während die europäischen Nationalstaaten noch Reserven besitzen, mit denen sie solchen Spannungen begegnen können, etwa durch die Anrufung einer langen gemeinsamen Geschichte, eines durchstandenen nationalen Widerstandskampfes, durch Hervorhebung einer verbindenden religiösen Gesinnung oder gar mit Hilfe der Loyalität gegenüber einem Königshaus, ist die Europäische Union einer solchen Belastung hilflos ausgeliefert. Ihre Symbole werden von den Unionsbürgern kaum geachtet, ihre Geschichte wird nur als eine solche der Bürokratie verstanden, ihre Repräsentanten dienen nicht selten als Zielscheibe des Spotts von Populisten aller Couleur, und ein Bewusstsein über die Notwendigkeit der EU ist bestenfalls unter den kleinen internationalisierten Eliten ihrer Mitgliedsländer verankert. Eine solche Union kann schnell in eine tödliche Krise geraten.

Das vorläufige Scheitern des Verfassungsentwurfs muss daher als Chance für eine Wende genutzt werden. Notwendig ist ein Neuaufbau der Europäischen Union, bei der weit über die bloße wirtschaftliche Integration hinausgedacht wird. Es ist an die Ausführungen des früheren französischen sozialistischen Ministerpräsidenten Lionel Jospin zu erinnern, der als einer der ganz wenigen in der Debatte über die Zukunft der Europäischen Union in seiner Rede am 28. Mai 2001 diese Aufgabe zumindest beschrieben hatte: »Europa muss für ein bestimmtes Gesellschaftsprojekt stehen. Bis vor kurzem konzentrierten sich die Anstrengungen der Union auf die Schaffung der Wirtschafts- und Währungsunion. Für uns alle ist sie von wahrem Nutzen. Heute bedarf es aber einer weiter reichenden Perspektive, andernfalls wird Europa zu einem bloßen Markt verkommen und in der Globalisierung aufgeweicht. Denn Europa ist viel mehr als nur ein Markt. Es steht für ein

Gesellschaftsmodell, das geschichtlich gewachsen ist und durch die immer engeren Beziehungen, die heute zwischen den europäischen Völkern bestehen, zur Entfaltung kommt. Es gibt eine europäische Lebensweise; Europa hat seine eigene Art, zu handeln, die Freiheiten zu verteidigen, Ungleichheiten und Diskriminierungen zu bekämpfen, die Arbeitsbeziehungen zu organisieren, den Zugang zur Ausbildung und medizinischen Versorgung zu gewährleisten, die Zeit zu gestalten. Jedes unserer Länder hat eigene Traditionen und Regeln, die aber ein gemeinsames Universum bilden. Dieses originäre Gesellschaftsmodell müssen wir nunmehr in den Verträgen verankern und durch unsere Politiken am Leben erhalten.« Auch wenn Lionel Jospin in seiner Regierungszeit als Ministerpräsident wenig getan hat, um diese Worte in konkrete Politik umzusetzen, so bleiben sie dennoch wegweisend. Sie stehen überdies in einem markanten Kontrast zu den Äußerungen deutscher oder britischer Sozialdemokraten, die auch in ihrer Haltung gegenüber der Zukunft der Europäischen Union vollständig die neoliberale Sichtweise übernommen haben.

Es gibt einen engen inneren Zusammenhang zwischen der Veränderung des sozialen Inhalts der Europäischen Union und ihrer Demokratisierung. Bereits die geschichtliche Herausbildung der modernen europäischen Verfassungs- und Sozialstaaten kann nicht verstanden werden, wenn diese Verbindung nicht gesehen wird. In Deutschland etwa gelang es erst in der Revolution von 1918, die volle Parlamentarisierung seines gewichtigsten Teilstaates Preußen durchzusetzen, indem das bis dahin dort gültige Dreiklassenwahlrecht beseitigt wurde. Diese von der Arbeiterbewegung erzwungene Veränderung bedeutete dann auch zugleich das Ende der Reichsverfassung von 1871, die als Bundesvertrag, geschlossen zwischen den deutschen Königreichen und Fürstentümern, entstanden war. Der Erschütterung der sozialen Ordnung durch die Revolution folgte der Zusammenbruch des konstitutionellen Rahmens. Auch die heutige, nur teilweise parlamentarisierte und nur ansatzweise demokratische Europäische Union wird sich nur dann zu einer wirklichen Demokratie weiterentwickeln können, wenn sie ihren sozialen Charakter grundlegend verändert. Voraussetzung dafür ist, dass sie nicht länger einer neoliberal ausgerichteten Wirtschaftsverfassung verpflichtet bleibt, sondern das europäische Sozialmodell tatsächlich verwirklicht, von dem bisher immer nur in feierlichen Erklärungen die Rede ist. Die Europäische Union muss sich dazu aus einem Projekt der kapitalistischen Wirtschaftseliten zu einer Angelegenheit der großen Mehrheit der sozial Abhängigen entwickeln. Dies kann gelingen, wenn die Union von den Benachteiligten als neuer Kampfplatz begriffen wird, auf dem sie die ihnen auf nationalstaatlicher Ebene genommenen sozialen, kulturellen und politischen Rechte wieder erlangen können. Diese Rechte könnten dann in einer veränderten Europäischen Union aufgehoben werden, was bedeutet, sie würden bewahrt und zugleich auf einer höheren Stufe weiterentwickelt.